操盘建议

——全球杰出交易员的成功实践和心路历程

[英]阿尔佩西·帕特尔　著

吕可嘉　译

图书在版编目(CIP)数据

操盘建议:全球杰出交易员的成功实践和心路历程/(英)阿尔佩西·帕特尔著;吕可嘉译.
—北京:地震出版社,2020.8

书名原文:The mind of a trader:lessons intrading strategy from the world's leading traders

ISBN 978-7-5028-5027-2

Ⅰ.①操… Ⅱ.①阿… ②吕… Ⅲ.①股票交易-基本知识 Ⅳ.①F830.91

中国版本图书馆CIP数据核字(2018)第290642号

著作权合同登记号:图字01-2019-3209

地震版 XM4168/F(5742)

操盘建议:全球杰出交易员的成功实践和心路历程

[英]阿尔佩西·帕特尔 著 吕可嘉 译

责任编辑:吴桂洪 王凡娥

责任校对:凌 樱

出版发行:地震出版社

北京市海淀区民族大学南路9号 邮编:100081
发行部:68423031 68467993 传真:88421706
门市部:68467991 传真:68467991
总编室:68462709 68423029 传真:68455221
证券图书事业部:68426052 68470332
http://seismologicalpress.com
E-mail:zqbj68426052@163.com

经销:全国各地新华书店

印刷:北京兴星伟业印刷有限公司

版(印)次:2020年8月第一版 2020年8月第一次印刷
开本:787×1092 1/16
字数:196千字
印张:17.5
书号:ISBN 978-7-5028-5027-2
定价:50.00元

目　录

受访者简介

伯纳·欧佩(Bernard Oppetit)

百利银行隶属于百利集团，是一家国际性批发银行，在全球60多个国家和地区设有分支机构。百利集团的资产总量超过2690亿美元。伯纳·欧佩是百利银行全球股票衍生品交易主管，主要从事股票期权与指数期权等衍生产品的交易，他的投资范围涵盖所有的主流市场，以及一些新兴市场，如巴西、阿根廷、墨西哥与大部分的东南亚国家，如今又增加了匈牙利与波兰。

比尔·李普修兹(Bill Lipschutz)

20世纪80年代末期，比尔·李普修兹曾担任所罗门兄弟的外汇交易主管。目前，他是海瑟席爵资本管理公司的董事。在《新金融怪杰》一书中，作者杰克·史瓦格(Jack Schwager)把比尔·李普修兹形容为所罗门兄弟中交易规模最大也最成功的外汇交易员。这种描述并不奇怪，因为李普修兹的单笔交易金额通常都高达数十亿美元，获利也经常是以千万美元计算。根据史瓦格的估计，李普修兹任职所罗门兄弟的八年内，他个人创造的获利就超过5亿美元，相当于8年时间里每天平均获利25万美元。

派特·亚伯(Pat Arbor)

派特·亚伯从1992年开始担任芝加哥期货交易所(CBOT)的主席,CBOT是全球规模最大且历史最为悠久的期货与期权交易所。在担任主席职位之前,派特·亚伯曾在1900年到1903年期间担任过CBOT的董事,1987年到1990年期间担任副主席的职位。自1955年以来,他就是CBOT的会员,同时也是美中商品交易所的董事会主席。

琼·纳迦里恩(Jon Najarian)

1989年,琼·纳迦里恩成立了麦丘里交易公司,这是一家指定主要做市商,负责维持特定股票的正常市场交易的公司。两年之后,公司的资本报酬率为415%。目前,该公司是芝加哥期权交易所(CBOE)第二活跃的做市交易商。麦丘里每天大约执行50万股与1万张期权合约的交易,成交金额约为6000万美元。在鲁本菲尔德的畅销书《超级交易员》中,第1章描述的就是纳迦里恩。他定期上金融新闻频道的节目,与比尔·葛里费斯共同讲解每星期的期权行情,也经常在其他频道的节目中出现,例如,CNBC、WCIU与福克斯电视台的早间新闻节目。1994年,纳迦里恩被推举为CBOE的董事,同时被任命为营销委员会的联合主席。

大卫·凯特(David Kyte)

大卫·凯特在年仅24岁的时候就成立了自己的交易公司,当时他的资金只有25000英镑。35岁的时候他已经成为凯特集团公司与凯特经纪公司的总裁,经营毛利达到了数百万英镑。凯特同时也是伦敦国际金融期货交易所的董事。

菲尔·弗林(Phil Flynn)

菲尔·弗林是阿拉隆交易公司的副总裁，号称会交易任何东西。自1979年以来，弗林就一直活跃在交易领域内，有一段时期曾经负责林德-华多克的顶级客户。

马丁·伯顿(Martin Burton)

马丁·伯顿是默钮门特衍生品交易公司的总经理，该公司成立于1991年。21岁时成为伦敦证交所的会员；22岁时成为比斯古德的合伙人。在成立默钮门特衍生品交易公司之前，他曾加入国民西敏寺银行，协助建立该公司的衍生产品部门，随后在花旗银行担任了四年的总经理，负责英国与欧洲大陆的所有股票与衍生品交易。

保罗·詹森(Paul RT Johnson Jr)

保罗·詹森是CBOT的董事与场内交易员。20世纪80年代初期，曾经在芝加哥商业交易所(CME)从事交易，也是英格证券期货与期权公司的资深副总裁与LSU交易公司的总裁。他的主要工作是为利率衍生产品使用者(如都会银行、避险基金与专业交易管理公司)提供市场与交易分析，但他的大部分收入却来源于自营交易。

布莱思·温特华拉德(Brian Winterflood)

布莱思·温特华拉德于1988年5月成立了温特华拉德证券公司，该公司为伦敦证券交易所一半的上市公司、替换投资市场(AIM)的全部股票、90%的SEAT股票以及全部的英国公债提供报价服务，隶属于英国规模第二的报价商人银行。伦敦地区现在仅剩下三家纯属英国人经营的主要经纪商，即 BZW、国民西敏寺证券与温特华拉德证券。

尼尔·韦恩特劳（Neal T.Weintraub）

尼尔·韦恩特劳是一名负责场内、场外交易的计算机交易员，同时也是一位讲师与商品交易顾问。他是计算机化交易高级研究中心的创办人，该机构提供当月对冲与国际性避险的课程。尼尔在迪保罗大学与芝加哥商业交易所(CME)担任讲师，也在 CBOT 负责介绍美国公债期权。韦恩特劳的学员来自世界各地，大多是交易所的专业人士与专业交易员。《华尔街日报》曾报道过他的枢纽点交易技巧，各种交易类刊物也经常援引他的评论。尼尔最近推出了名为“韦恩特劳短线交易员”的软件，其中包括拐点分析技巧。尼尔出版过两本交易类著作，分别是《韦恩特劳短线交易员》与《期货场内交易技巧》。尼尔是美中商品交易所的会员，通过 CBOT 的戈登伯格和赫迈耶进行清算。

前　言

本书采访了一些热爱市场的杰出交易员，由他们亲口讲述自身的经验，说明通向成功交易的心智程序。这些优秀交易员的策略与心智架构有何共同之处？读者如何运用这些信息提升自己的交易技巧与操作绩效？对于任何一章，我不希望读者阅读之后觉得“这与我没有什么关系”。

某些人相信成功交易存在某种秘诀，于是开始寻找，但是方法显然不对，比如购买价格昂贵的交易软件。随着经验的累积，他们终于发现，成功的唯一秘诀是辛勤工作与天赋，于是不再追求其他的秘诀。最后，通过理性思考而在不知不觉中逐渐掌握了成功交易的秘诀。本书旨在讨论这些秘诀，它们是一种心智架构，或者说是一种看待事物的方法。

表面上看，交易是一种非常简单的行为，但是80%～90%的交易者在第一年就被迫离开市场。交易者只有尽全力尝试而发生亏损、被迫离场后，才发现在交易中取得成功是非常艰难的。我们应该汲取成功者的经验，避免那些亏损的策略。成功交易员不仅要熟知成功的交易法则，也要具备成功的交易心智。成功的交易法则只是“拼图”的一半，知道如何培养这些交易法则的执行心态，才是构成完整“拼图”的关键。

本书把所有的交易策略都摆在心智架构中讨论，透过这些顶尖交易员的经验展现出来。我尝试进入这些交易员的内心深处，探究他们如何执行制胜的策略。究竟是什么不寻常的心智架构，让这些交易员能够获得稳定的成功？我是一名执业律师，工作原本就是使人们(不论他们的职业如何)说出真话，让每个人都了解真相。但同时我也是一名交易员，这意味着我自身也经历过书中讨论的一些问题、疑惑与挫折。我希望成为各位的代言人，而且相信自己有能力掌握其他书籍不能有效处理的交易症结问题。举例来说，当我认赔出场的时候，怎么知道这不是一个原本仓位可获利的交易？

本书不打算采用过分简化而帮助不大的随兴对答文体，这种格式比较适用于传记或历史陈述，我决定采用一个严谨的研究架构，纳入受访者对于特定问题的看法，使读者能更容易地了解与消化。我也会在适当的时候提出一些解释与延伸，而不是在采访最后才归纳一些结论，或是让读者自行猜测结论。

如果你只是喜欢读一些发生在数十年之前的交易逸事（这些市场可能已经不存在)，偶尔点缀着一些交易建议而没有明确的主题，那么本书恐怕不适合你。你将会发现，本书采用了一种直接而容易理解的结构，说明这些顶尖交易员的操作成绩如此理想的原因，建议你如何改善交易技巧才能获得成功。

受访者

本书采访的对象涵盖了交易领域内的不同方面，他们来自全球最大的三个金融中心：纽约、芝加哥与伦敦。丝毫不令人诧异的是，他们的教诲虽然都是各自的原创，但内容具有很强的共通性。书中介绍了一些新的概念，例如，动态分析、渐进式交易、汇整信息、“瑞士”保持中性方法等。

这十位交易员让我受益良多。虽然我基本上阅读过每一本交易方面的相关书籍，但还是从他们身上学到了许多新东西。另外，他们也确认了一些我自己发现的理念。我希望——而且相信——读者也能从本书中得到许多宝贵的启示。

阿尔佩西·帕特尔

芝加哥与伦敦，1997 年

谢 辞

首先，我要感谢那些在百忙中抽空接受本书采访的人，感谢他们愿意诚挚帮助其他交易者，传授他们宝贵的知识。

感谢亚述温最初提出写作本书的想法，我想，本书如今得以问世，最高兴的应该是他；我也要向抽空帮助我完成本书打字工作的莎库姨妈，致以深深的感谢。

非常感激莎莉娜，当她看见本书出版的时候已经是我的妻子了，感谢她在婚礼的准备过程中，协助我校对与编排本书。她始终以本书的工作为最优先，我会永远记住。

我还要感谢整个家族中的每个成员，他们对于本书的兴趣都很高，提供了很多帮助。自从我 12 岁进行第一笔交易以来，我的家族就鼓舞着我探索金融领域的每个部分，我们家族中的每个成员都具有浓厚的企业家精神。虽然他们都不期待我的回报，但我还是要表达内心最诚挚的谢意。

我要谢谢阿南德·萨拉马拉特南与希拉·萨加扬介绍我认识阿姆韦卡尔·杰索，使得整个事件顺理成章地发展为第一个采访。

本书编排过程中经过了多次校对，我要感谢每个参与者。

最后，我要感谢理查·史泰格与金融时报出版公司在本书出版过程中提供的许多及时的帮助，我非常幸运能够与这家杰出的出版公司合作。

导 论

这是一本很有趣的书，读者可以通过本书了解交易领域内顶尖高手如何获得成功。交易是人类社会发展初期即存在的活动。数个世纪以来，交易者运用理想的策略处理人类的需求品，谷物、金属、食物、矿产、牲口等，借以创造能源、制造衣物与其他产品。这些产品有些适用于交换媒介，有些则适合于价值储存，它们都因为其价值而被人们所追求，从而受到不同程度的控制。

这些产品的交易者经常被视为不同族类，受到羡慕或嘲笑，他们被课征的税金高于产品使用者，更受到尝试独占产品交易的有关当局或特殊阶级的排斥。

产品交易适合在特定的集中市场进行，此处可以提供透明的价格形成过程，易于掌握交易活动的信息，方便产品的结算与交割，能够防范交易对手不履行契约义务。从21世纪开始，随着科技的进步，所有集中市场的特质或许会出现于网络，但本书受访者还是来自特定的金融交易中心，如伦敦、芝加哥与纽约，如同阿姆斯特丹一样，这些城市都是位于商业国家心脏地带的信息重镇与贸易吞吐港。探险、征服与帝国的形成都与交易活动的发展与贸易路线的保护息息相关。本书采访的成功交易员虽然运用各自不同的技巧，但他们显然具备任何学术课程都不能传授的第六感。他们取得相同的信息，但能够掌握市场的脉搏，精准拿捏时效，有勇气脱离群众而反向思考，做出违背常理的行为。所以，形容他们的字眼经常带着贬损的意味，如“投机客”。投机客或交易者的最大功能是提供市场流动性，使得其他人能够透过市场达成其交易的目的。

在1997年英国大选的过程中，一位女士在接受英国国家广播电台(BBC)的访问时表示：欧洲需要采用单一货币借以防止外汇投机活动。包括政客们在内的很多人都普遍抱有类似的态度，这表明一个带有情绪性含义的字眼就能够阻止人们思考诸多重要的技术因子。就这个例子而言，欧洲没有单一的政府，没有共同的财政政策，各个区域之间的劳工流动程度远不如美国，而且没有完善的资源分配系统，在这种情况下，欧洲能否采用单一货币制度？不同银根紧松程度的地区是否能采用单一利率？根据历史证据显示，每当某位“投机客”在外汇市场赚钱的时候，就是因为另一位“投机客”——通常是政府——试图在市场中维持不合理价格的时候。

在20世纪即将结束的时候，我们很难体会交易者们在整个交易大环境之中经历了多大的变动。20世纪之初，大英帝国正处于巅峰时期，是全球贸易与金融的中心。当时，交易者没有受到明显的管制和课税。伦敦地区的商人银行、证券交易所与商品市场的交易者赚取或亏损庞大的财富，美国同样也沉浸于狂热的投机气氛中，钢铁产业带动了整个国家的工业化，芝加哥谷物与其他交易所陆续成立。第一次世界大战的爆发使得交易者的活动受到限制(第二次世界大战也是如此)，但银行活动不断延伸到社会各个领域，使得存款户权益受到威胁，于是各国从20世纪20年代与30年代开始酝酿正式的管理法规，不允许银行从事证券投资与商品活动。50年代到70年代是管制最严格的时期，服务产业之间的隔离造就了不同领域的专业人士。就英国而言，第二次世界大战之后，个人交易者逐渐消失，主要是因为偏高的个人所得税与其他各种税制规定，鼓励人们透过退休基金与保险公司之类的机构进行投资。

布雷顿森林协议结束固定汇率制度之后，金融期货与场外衍生品迅速发展，但当时伦敦地区的个人交易者非常有限。事实上，当我们提议建立伦敦国际金融期货交易所(LIFFE)的时候，很多人都不认为这个计划能够成功，因为伦敦与芝加哥的情况不同，没有个人交易者能够成为交易所的场内交易员，如果只仰赖机构交易会员，市场显然不能提供足够的流动性。

20 世纪 80 年代，由于个人所得税税率降低，储蓄存款减少，个人交易者如雨后春笋般在市场中再度出现。伦敦终于度过了包括长达 40 年的外汇管制在内的种种困难。现在临近世纪末，伦敦又成为全球商品与金融交易的中心了。

近年来，交易者的重要性主要体现在伦敦衍生品交易的杰出成就上：国际石油交易所(IPE)提供的布伦特原油合约是全球主要的石油期货合约；伦敦金属交易所(LME)快速成长，主导全球的非铁普通金属交易；LIFFE 从 1982 年底成立以来，逐渐发展成为国际性的期货与期权交易重镇，所提供的期货与期权交易品种远多于其他交易所，其品种涵盖货币市场工具、债券、软性大宗商品、农产品以及股指的期权与期货，另外还有普通股的期权。LIFFE 每年成交量的平均复合增长率超过 40%，规模仅次于 CBOT。

这样的成就说明了全球商业界对于相关金融产品的需求是多么庞大。只要将这种需求运用得法，就可以让企业在同业竞争中享有竞争优势，也可以使一般民众享有稳定的物价，规避房屋贷款利率的波动风险，也使其退休金的购买力保持稳定。我们之所以能够享有到这一切效益，根本上都源于交易者所提供的市场流动性。

杰克·威戈渥斯

LIFFE 主席

1997 年 4 月

❖ 1 ❖

伯纳·欧佩
Bernard Oppetit

“我们非常稳定地赚了不少钱！”

讨论主题：

☞自下而上的分析

☞动态分析

☞“瑞士方法”：客观与中性

☞风险与几率分析

☞最佳分散组合

☞杰出交易员的特质

☞止损

百利银行隶属于百利集团，是一家国际性银行，在全球60多个国家和地区设有分支机构。百利集团的资产总量超过2690亿美元。伯纳·欧佩掌管百利银行的全球股票衍生品交易，他是一位身材瘦高而内敛的法国人。

无论就国籍还是地理位置来说，百利银行都不同于其他的主要银行：它充满法国色彩，其伦敦分行坐落于西区而不是在市中心（多么大的差别啊）。大理石的阶梯，上方一道拱门衔接到第一层大厅。水晶吊灯散出朦胧光芒，更增添整体的气派。让人不禁想用一个很俗套的词来形容：美不胜收。会议室摆设一些已完成项目的纪念品，以及著名的法国地标——圣心院、香榭丽舍大道与埃菲尔铁塔，甚至饮用水也是依云和毕雷品牌的。

伯纳·欧佩主要从事股票期权与指数期权等衍生品的交易，业务涵盖所有的主要市场和一些新兴市场，如巴西、阿根廷、墨西哥以及大部分的东南亚国家，现在又增添了匈牙利与波兰等。“我们有客户服务业务与资产管理业务。客户服务业务大体上是提供指数型产品。我们扮演交易商的角色。另外也有相当庞大的资产管理业务，不单纯是证券业务。”

伯纳·欧佩个人背景

17年前，伯纳·欧佩学校毕业之后就进入了百利工作。最初任职于技术部门，但时间并不长。当时处于信息科技的发展初期，个人计算机还没普及。1982—1987年，他在巴黎总公司从事投资银行业务。这段时间他针对一家拥有25%股权的保险公司进行了交易，这家公司的其余股份是由一般散户所持有。当时爆发了一场股权争夺战，这场战役从开始到结束期间，股价上涨了400%。这是1985年的事情。欧佩对自己说："我应该想办法进入风险套利这个交易领域。我应该寻找下一个并购的潜在目标。"1987年，他被调到纽约，于1990—1995年主管纽约地区的业务。

后来，欧佩主管了整个集团的衍生品交易业务，业务范围延伸到伦敦与亚洲。他们非常稳定地赚了不少钱，但从未想过提高公司的知名度，因为他们不准备对外募集资金：所有的交易都使用百利的自有资金。当时，他的名字在纽约的报纸上经常能看到。

欧佩主要是寻找特殊情况的交易机会，包括：合并、并购、破产或各种公司重组，通过非常开放的态度，从事各种股票、期权与债券的交易。有一点非常重要——他们始终采用自下而上的方法，从来没有任何自上而下的案例，每笔交易都是针对特定公司进行的。他们感兴趣的是特定公司发生的特定事件，他们要的就是这些，其买入的理由是，某个公司发生了他们预期中或公众预期中的利好事件。正因如此，他们绝不会因为利率、汇率等总体因素或总体趋势发生变化而进行交易。

"我从事这方面的工作长达8年，两年前被调到伦敦，主管全球的股票衍生品交易。我之所以接受这个职务，主要是因为可以继续从事风险套利的交易。我负责管理纽约、伦敦、巴黎、新加坡、东京与中国香港的40多位交易员。"

风险套利

"习惯上，风险套利都被视为合并与购并的相关套利交易，我们最初也是这么做的，但目前我们所谓的风险套利已经不仅仅局限于这个领域，还包括各种证券价格受到严重打击的交易机会；可能引发重大的价格波动并且我们可能从中受益的各类公司事件，也是风险套利交易的潜在机会。

“就目前发生的美国烟草公司诉讼案件来说，这与公司并购没有特殊的关联。法院与国会都持续地影响这件事的进展。烟草公司的动作不断，原则上已经算是血淋淋的残酷战场。一方面是烟草公司，它们希望保护自己，避免承担各种潜在的责任与风险；另一方面是主管当局、政府、法庭与许多拒烟分子构成的利益集团。

“这场战争的结果势必影响烟草公司的股价，涉及数百亿美元的金额。所以，只要你拿捏得准，这就是赚钱的机会。在一笔典型的风险套利交易中，我们会保持非常开放的态度，研究每种可能的发展，从这个角度针对烟草或其他股票进行交易。

“当然，这也可能是方向性的交易。如果我们认为烟草公司将赢得下一场战役，就会做多烟草公司。反之，如果我们判断对方将赢得下一场战役，当然就会站在空方。如果我们相信下一场战役的结果将导致股价暴涨或重挫，就可以买进跨式交易，同时买进相同数量的买进期权与卖出期权，只要股价发生任何方向的重大走势，买进跨式交易都可以获利(细节部分请参考附录)。如果我们判断这场战争短期之内不会有任何结果或期权的价格太高，就可以卖出跨式交易。我们的态度非常开放，没有既定的立场；只要胜算够高，我们不排斥任何的交易机会。总之，这就是我们10年来从事的业务。”

自下而上的分析：掌握胜算的专家

伯纳·欧佩在上文中强调，他要研究一家公司，就会成为研究这家公司的专家，主要的对象是个别公司。与之相反的策略则是自上而下，首先分析国家或产业，然后才是个别公司。欧佩花费无数的时间研究交易对象，尝试掌握公司管理阶层、股东、员工、往来银行、债权人、债务人与该公司股票交易者的心态。他盘算后续的可能发展与股价反应。通过这个角度切入，直接搜集信息，胜算自然超过那些仰赖二手信息的分析师。

个案研究：西北航空公司

“1993年，我们曾经介入西北航空公司，以下简称西北航空。西北航空在1989年曾经发生融资并购事件。接下来，整个航空产业陷入了严重的衰退，整体损失高达数十亿美元，西北航空的业绩也一落千丈。从资产负债表来看，西北航空当时的银行债务很高，但债券发行的数量非常有限(如果记忆没错的话，总负债大概是(60～70)亿美元，除了5亿美元的债券外，其余都是银行债务)。由于在短期内再次陷入困境，公司提出破产。公司高层分别与各家银行、员工、供货商进行强硬的协商，因为这些谈判对手会因为西北航空的破产而受到损失，所以公司的态度非常强硬。

“西北航空开始赢得了对手的一些让步。银行同意取消利息费用，提高担保品的估价，波音公司也同意延迟飞机货款的交付时间。为了取得这些重大的成果，西北航空摆出即将破产的姿态。每天，它们总是透过媒体放话，‘我们打算宣告破产’。这也是公司债券价格不断下跌的原因。最后，每1美元面值的债券价格只有10美分。

“根据我的分析，它不可能破产。我认为这一切都是唬人的手段。当然，这种手段对它非常有利，逼迫谈判对手让步。对于我们来说，从事债券交易没有什么意义，因为规模实在太小。所以，我们开始买进西北航空的债务。当然，结果也可能赔得很惨，但我相信胜算更高。总之，我们认定西北航空不过是在玩弄唬人的手段。

“一旦谈判对手让步，一切都奇迹般地恢复正常。它们开始公布一些漂亮的数据，债券价格回升到平价，我们也赚进四五倍的利润。后来，公司挂牌上市，经营绩效还很理想。

“整笔交易涉及许多基本面分析。现代的基本面分析需要进行动态研究，尤其是遇到这类特殊情况。

“欧洲迪士尼是另一个非常类似的案例。当时，市场上有一种欧洲迪士尼的可转换公司债在流通；当公司经营遭遇麻烦时，就如同西北航空一样，它会通过媒体制造各种杂音，渲染情况的恶劣程度。它玩弄银行、股东与普通投资者。但这并没有影响公司债券的基本面，所以整个事件的发展也完全相同，包括我们的获利在内。

“在欧洲迪士尼的案例中，债券是可转换债券，属于衍生交易工具。可能是这个缘故，我们有机会把握到了价格背离价值的交易机会，因为许多衍生品交易员不熟悉作为基础交易工具的证券，而证券的交易者又不熟悉衍生交易工具。如果你同时了解这两方面，就能够胜券在握。”

深入的策略性思考，其中的效益非常清楚。如此可以让你看见别人看不见的东西，并因此而获利。当然，情况未必始终如此。某个事件或许没有大家忽略的信息或隐藏的议题。另外，辛勤工作不一定能够让你产生特殊的见解，特殊的见解需要通过经验培育。经由媒体报道追踪公司的发展，这是累积经验的好方法。

❖ 了解所有的玩家，留意他们的言行。所谓玩家是指具备不可忽略影响力的人，包括团体在内。举例来说，工会可能是重要的玩家。

❖ 了解他们为了自身的利益，应该说些什么话；或者他们说的话可能带来什么利益。动机是什么？隐藏的议题又是什么？只要涉及利益关系，什么话都不可轻信。

❖ 谁是最大的损失者？

❖ 谁是最大的受益者？

❖ 对于每个利益集团，它们希望发生的最佳、次佳与第三种结果是什么？

❖ 每个利益集团操纵事件发展的着力点与影响力在哪里？

❖ 每个集团对于每个结果的反应将如何？如果某个人这么做，其他人的反应与后续的发展可能如何？

通过这种方式思考公司事件，显然是一种技巧，需要时间来培养。同时，这也可以增添交易的趣味，尤其是你喜爱下棋、打扑克或政治的话。最后，请记住，对于欧佩来说，价格受到公司事件的驱动，而公司事件又是由某些有权力的人塑造的。权力就代表影响力。因此，在整个价格走势的因果关系中，你首先应该考虑：谁具有影响力？务必记住，对于某家公司或特定情况，很多人都具有影响力。永远要保持开放的心态与客观的立场。如同欧佩所描述的故事，市场往往是一场权力游戏。西北航空的案例涉及许多人，包括银行在内。权力与影响力不断变动，这使得你在追踪公司事件的过程中更困难，也更有趣。

动态分析

伯纳•欧佩介绍了一种非常有趣的观念，这在前文中并没有特别说明。

“基本面分析非常重要，我所谓的‘动态分析’也是如此。你想知道某家公司究竟发生了什么，某个人究竟想做什么，目的是什么，打算什么时候做，能够做到什么程度。任何事件背后都必定有一段故事，你必须了解这段故事。”

根据伯纳•欧佩的看法，公司事件不可能在真空状态下发展，必定有来龙去脉。我们务必要了解整个因果关系与事件背景。

“就股票交易来说，我认为技术分析占99%是胡扯，这种说法也不适用于外汇、大多数的商品、指数与利率。虽然技术分析在后面这几个领域内相当重要，因为这几个市场并没有单一的正确做法，即使你操作得相当不理想，结果也可能胜过全然不理会。可是我还是要强调一点，盘算背后的故事很重要——谁打算做什么。”主角或许不是银行、公司的供货商与股东，而是政府、供需关系与生产者。

> 任何事件背后都必定有一段故事，你必须了解这段故事。

“条条大路通罗马，你也可以单独通过技术分析赚钱。虽然我个人不知道怎么做，但我相信可以做到这点。”

在西北航空这个案例中，欧佩采用的是动态分析。他希望知道其中的“故事”。动机何在，影响的着力点在哪里(换言之，谁是主角)？分析之所以属于“动态”，是因为情况不属于静态。他所关心的不是上一年的损益表或资产负债表，他处理的是活生生而正在变化的目标，随时可能产生变化而对股价构成重大影响。

可是，动态分析未必始终是最适用的分析工具。欧佩会根据不同的情况与交易类型而改变分析方法。这点很重要，你必须了解自己交易的市场类型与时间架构。举例来说，在高度流动性市场中进行当日冲销的交易，技术分析显然较基本分析来得恰当。但从另一个角度来说，如果交易的基础是建立在某个国家未来几个月的经济展望上，那么采用基本面分析应该更适当。

“我从事许多不同类型的交易。举例来说，可转换的套利就是其中一种。这属于比较纯粹的衍生性交易，动机可能是买进隐含价格波动率而做空历史价格波动率。这类交易比较适合采用技术分析。对于风险套利来说，则属于截然不同的交易性质。”

其他人在想些什么？

在交易或其他竞争性场合，你必须随时了解情况为什么是目前的状态，价格为什么是这个水准，今天的成交量为什么偏低，为什么某家银行买进这家公司的股票，为什么那家银行卖出股票，为什么公司的总经理买进额外的股票？如果你不了解周遭的情况，就不太可能知道局面的发展与其中的缘由。不论你认为明天的价

我绝对相信你应该与众人背道而驰。

格将变动或维持不变，如果不能掌握今天，就不可能了解明天。

“我经常提醒自己，我是否完全清楚自己的所作所为，我对于情况的掌握是否优于竞争对手，他为什么采取这个行动？如果我买进，他为什么卖出？他在想些什么？如果我不知道竞争对手的思路，就觉得浑身不对劲。这属于反向思考。我绝对相信你应该与众人背道而驰。可是，如何衡量群众的共识，其中确实有些困难。另外，众人的共识也可能是对的，以美国市场最近的多头行情来说，众人的共识确实没错。

“我必须了解对手的想法，以及我与他的想法究竟有什么差异。答案可能很简单。举例来说，对手考虑的角度可能不是隐含价格波动率。如果我认为自己的买入逻辑是买进偏低的隐含价格波动率，但对手的想法并非如此，那我就知道了对手的行为动机。只要我仍然相信自己的看法没错，那就够了。”

这类综合性的思考程序也是风险管理的适当工具，如此可以确保你没有漏掉任何环节，完全知道自己为什么在某个交易目标上建立仓位。因此，下单之前，你应该有足够的信心，并且清楚自己的预期是什么。一旦仓位建立之后，无论后续发生什么事，你都要能够知道它为什么发生并且因地制宜地果断采取行动。

采用“瑞士”方法对待未平仓仓位：客观而中立

伯纳•欧佩对待未平仓仓位的方法，我称为“瑞士”方法，因为他随时都清楚自己必须把情绪放在一边，保持客观而中立的态度。

每位交易者都知道，一旦建仓之后，情况就完全不同了。由这个时候开始，一切都是赤裸裸的现实，价格变动不再仅仅是屏幕上闪烁的数字，它会直接影响你账面上的盈亏。期待将影响预期，情绪将干扰理智，客观将变为主观。

建仓之后你就会开始寻找平仓的机会，结果无非将是获利或损失。每种情况引发的情绪都不相同。举例来说，如果仓位发生损失，许多交易者都会期待情况突然好转，因为他们很害怕，不愿意接受可能会遭受损失这一事实。你必须要辨识这类情绪，然后将其断然舍弃。你的决策必须建立在对分析公司基本面之后所得出的结论之上。

面对未平仓的头寸，务必留意自己的反应，如果没有清晰的思路，可能会太早或太迟出场。处理未平仓头寸的关键在于出场时机。当然，你有时候也会考虑加仓，但最关心的问题通常还是何时出场。在这种情况下，你必须保持开放的心态与客观的立场来对待未平仓的头寸。

“理智上的诚实是关键所在，每天你都必须抱着空杯心态去思考。你必须忘记仓位的损失和成本。每天都是崭新的一天，每天都是从头开始。今天之前的盈亏都已经埋单了，你又回到了起跑线。账户中没有预期的获利或损失，每天早晨都是重新来过。

> 对于一位优秀的交易员而言，如何控制“心”的能力，其重要性远超过如何运用“脑”。

“你必须对自己非常非常诚实，千万不可欺骗自己。不论仓位蒙受了巨额的损失还是累积了重大的获利，你的态度都必须完全相同。我很乐意见到情况正是如此，否则我们就很难稳定获利。”

如同伯纳•欧佩所强调的，当你尝试从客观的角度评估未平仓的仓位时，情绪总是会产生干扰。

“对于一位优秀的交易员而言，如何控制‘心’的能力，其重要性远超过如何运用‘脑’。情绪是最棘手的部分，即使一个仓位可能让你一败涂地或赚进数百万元，你都必须保持完全客观的立场。”

面对损失

面对账面损失，交易员必定会承受巨大的压力与恐惧。

“承受压力与恐惧，这是很重要的经验，如此可以避免重蹈覆辙。恐惧是一种情绪，经常干扰判断；同理，陶醉的心情也会影响判断，你必须保持绝对中立的态度。”

所以，当你面临损失时，不要排斥恐惧的感觉。然而你必须善用这种恐惧感，借以防止损失的扩大，千万不要因为恐惧已经发生的损失而愈陷愈深。当你查阅新价格的时候，不应该担心你损失了多少资金，也不该奢望情况可能好转。

“面对新的价格变动，你必须问自己一个问题：假设你还没有建立仓位，是否愿意在这个价格买进？如果答案是否定的，那就应该卖出。你必须非常客观地看待未平仓的头寸，如果你还没有建立仓位，现在是否愿意建立仓位？持有未平仓头寸的过程中，新的信息可能影响相关的预期。可是，你必须诚实面对自己，这是心态问题。当仓位发生损失而出现新的消息，千万不可以跟自己讨价还价，欺骗自己情况已经发生变化，价格可能上涨。总之，跟自己打交道务必诚实，这是关键所在。”

如何处理获利

如同“期待”这种心理一样，还有另一种情绪障碍也会让人不能客观地分析未平仓的头寸。交易员经常担心尚未落袋为安的获利可能消失。

“‘止损不止盈’，这种说法虽然有点陈词滥调，但也是不变的真理。许多人的做法刚好背道而驰。大家都希望获利，公司的业绩规定也经常鼓励这么做。很多人都把未实现的获利视为不存在。他们认为，获利了结才代表真正的获利，在此之前都是假的；认赔出场则相当于承认错误。”

同样，交易员必须抛弃这种“必须获利”的情结。反之，问题的关键在于建立仓位的根据是否正确。伯纳·欧佩的考虑重点在于保持客观的态度去对仓位做出相应的预期。

“如果预期中的事件没有发生，我就出场。至于出场时究竟是获利或亏损，完全不重要。一旦发现自己判断的初衷出现错误，立即出场。还有另一种类似而比较容易处理的情况，如果预期发生的事情都已经发生，也应该获利了结。这两种情况都相对容易应付，但事态的发展介于两个极端之间时，那就比较麻烦了。”

> 至于出场究竟是获利或亏损，完全不重要。

必须以客观的心态处理未平仓头寸，这就是伯纳·欧佩强调的重点。这意味着你必须留意某些关键问题而忽略另一些问题。你必须留意的重点是：

❖ 预期的情况是否已经发生？

❖ 面对目前的价格，你想买进还是做空？

❖ 建立仓位当初所预期的行情到现在实现概率是否仍然存在？你必须有舍弃的心态。

❖ 仓位目前已经承担多少损失。

❖ 仓位目前已经累积多少获利。

❖ 建立仓位时花费的成本。

❖ 期待行情可能朝有利的方向发展。

交易：既是艺术，也是科学

“我想科学的训练对于交易而言肯定有正面的作用，虽然有时候也会造成妨碍，因为金融市场并不像物理与数学领域一样存在绝对的真理。可是，就思考的逻辑结构来说，科学的训练还是大有裨益的。科学家必须诚实对待自己，因为科学领域没有浑水摸鱼的余地。如果某个实验的结果不行，那就是不行，不能打马虎眼。事实就是事实，不能凭空捏造。”

虽然必须尽量维持客观，但是交易毕竟不是机械性的行为，其中存在相当大的技巧发挥空间。瑞士人擅长制造漂亮的手表，不是吗？

“交易中的艺术成分远超过科学成分。当交易员拟定一项决策，他绝对不能完全了解该项决策背后的每项立论根据。你必须日夜思考行情的可能发展与交易的对策，但到达某个节骨眼上，就必须扣动扳机。拟定交易决策之前，你可能考虑千百种细节，如果我提出一个问题：‘你为什么买进这个品种或卖出那个品种？’你恐怕没有办法说出个所以然来。当然，你可以提出一些理由，但绝对不是完整的答案。你的决策可能是来自最近三天的综合思考，所以也要花三天的时间才能解释清楚，因为许多因素都存在于潜意识的层面里，你不确定哪项因素促使你扣动扳机。从这个角度来说，艺术的成分超过科学的成分，因为你没有办法充分说明行为的动机。期权交易涉及许多科学成分，必须同时具备科学的训练与艺术的修养，这也是为什么很难找到优秀的衍生品交易员的原因所在。”

杰出交易员通常嫌恶风险

受到媒体与一些丑闻的影响，一般大众认为交易员喜欢承担风险，乐于投机与赌博。可是，本书访问的每一位交易员都不承认自己偏爱风险。

“我非常嫌恶风险。如果有机会的话，我宁可稳定地赚取1万美元，也绝对不会考虑10%成功概率的410万美元”。

所谓的交易风险，当然是就价格波动率而言，谈论价格波动率势必涉及概率的问题。根据某特定股票的历史价格波动率，我们可以估计该股票到达某目标价位的概率。因此，风险、价格波动率与概率属于不可分割的概念。优秀的交易员会等待胜算最高的机会——换言之，有利走势发生的概率最高而不利走势发生的概率最低。另外，不同于业余交易者，优秀的专业交易员了解一点，风险与报酬之间并不必然维持正向的线性关系。在某些情况下，你可以发现风险极低而报酬极高的交易机会。

> 你不需承担巨大的风险，就足以博取巨大的获利。

“重点是你必须以理性的态度处理风险，而且还要具备一些想象力。优秀的交易员知道如何与何时承担风险，也清楚如何与何时避开风险。有些风险你必须承担，有些风险你可以不承担，关键在于如何区别这两者。你不需要承担巨大的风险，就足以博取巨大的获利。许多交易机会蕴含着可观的获利但风险并不是特别高。研究相关的市场行情与交易对象，或许要花费大量的时间与精力，但实际投入的资金未必承担太大的风险。

“有一个关于经济学家的故事，一位经济学家与朋友在纽约的街上走着，他的朋友看到人行道上有一张百元大钞，于是指着说：‘教授，这里有一张百元大钞！’经济学家冷漠地回答：‘不可能，如果真是百元大钞，早就被人拾走了。’可是，我认为有许多低风险的赚钱机会。”

分析风险与概率

对于一个仓位，伯纳·欧佩是如何分析风险与概率的？

“虽然我知道仓位发生的损失到达某个特定的程度之后就会出场，但我还是认为应该考虑全部投入资金所面临的风险。另外，我也会考虑仓位多少、获利百分比的发生概率，然后评估我所承担的对应风险。我会考虑各种可能结果的发生概率，例如，采取某项行动可能有50％的概率发生什么情况，或不采取行动可能有50%的概率发生什么情况，或50%的小赔对应50%的大赚。你必须了解最后可能发生的各种结果的概率分配。”

在分析一笔交易的可行性时，伯纳·欧佩会考虑所有投入资金所面临的风险情况。他知道仓位顶多只会发生某种程度的损失(例如15%)，即使最大的止损点设定为15%，他还是认为所有的投入资金也都在承担风险。然后，从这个角度评估各种可能结果的概率，分析对应的收益潜能。唯有透过概率分配的架构，才能掌握收益的多少。

举例来说，如果建立某个期权仓位，起始价值为10000美元，风险资本就视为10000美元。为了评估风险／收益比率，伯纳·欧佩分析仓位最后结果的概率分配，如此可以了解相关风险提供的收益潜能（从数学角度来说，就是把发生概率视为权重而加总各种可能结果，然后比较这个收益期望值与风险）。

资金管理

风险分析与管理的工作，不仅仅是针对价格波动率与概率，还包括资金管理。

“你必须设定严谨的资金管理制度，绝不允许自己越陷越深。你可以采用某种最大连续损失的规定，或设定某个风险值，你也可以采用某种操作法则，例如，‘损失不可超过某个限度’。你必须具备这种心理原则，任何时候都不可以承担特定范围之外的风险。你必须确定自己能在游戏当中生存下去，这一点很重要。情况很容易失控，必须有明确的原则。”

设计资金管理的制度，你可以考虑下面几点：

❖ 任何一笔交易中，我能够承担的最大风险金额是多少？换言之，每笔交易最多能够承担多少损失？请注意，一连串的交易可能连续发生损失，为了保存交易实力，每笔交易我最多能够允许损失多少资金？

❖ 一旦交易仓位建立之后，我最多准备承担百分之几的损失？

某些人运用“风险值”的概念拟定这项决策，这是根据所有未平仓头寸可能结果的概率分配而计算出的数值，代表仓位承担的风险总金额。

分散的投资组合

分散投资是风险控制与资金管理的相关议题。“一般而言，在特定的风险水平下，通过分散投资可以提高报酬率。从另一个角度来说，想要获得特定的期望报酬率，如果不进行分散投资，你将承担较高的风险。如果比较100笔持仓与10笔持仓，分散投资的效益就非常有限了。如果由1笔持仓分散为10笔持仓，效益非常明显，但由10笔持仓分散为100笔持仓，应该不会有太大的额外效益。分散投资存在一个最佳的水准，超过这个水准之后将带来反效果。”

伯纳•欧佩虽然相信分散投资的效益，但他不主张过度的分散。分散投资是提高风险／报酬比率的有效方法。可是，如果投资组合的仓位太过于分散，你可能照顾不过来，反而加大发生损失的可能。采取分散投资的策略，必须记住：

❖ 如果各个仓位都承担相同的市场风险，就不能提高分散投资的效益。

❖ 各个持仓的规模必须类似。如果九个持仓的规模都是100美元，第十个仓位的规模为1万美元，这种分散投资就没有太大的意义。各个持仓的价格波动率应该类似。让我们考虑1万美元的三个月期英镑存款期货合约与1万美元的长期公债仓位，两者显然不可相提并论。

杰出交易员的特质

对于金融交易的热忱

关于杰出交易员的特质，伯纳·欧佩首先指出交易员需要对金融市场充满热忱。

“首先，他必须对相关市场充满兴趣，希望了解其中的一切。这是大多数交易员欠缺的特质。一般人认为金融市场非常枯燥无趣，即使他们认为交易很刺激、很有趣，但经过一段时间之后就厌烦了，因为交易涉及太多的研究与分析，需要耗费很多时间，你必须了解市场为什么出现这种行情，你必须判断谁买进而谁卖出，他们的动机何在。无时无刻不在追求这些问题的答案，必须具备非凡的耐心、精力与欲望。”

> 必须具备非凡的耐心、精力与欲望。

“最重要而最经常欠缺的特质是对市场的热忱态度与执着精神。大多数人都‘一心数用’，一方面从事交易，一方面想着其他的事，盘算着如何花钱享乐。”

对市场的热忱来自交易的动机。欧佩接着讨论动机的问题。

“你必须自然而然地具有学习的欲望，想要成功，希望赚钱。这方面的冲劲必须来自本身，而不是你的老板或客户。这种欲望与热忱必须原来就存在，不能强求，不能假装。”

欧佩认为，欠缺动机经常造成失败。不少杰出的交易员都相信这套理论。

“在相当大的程度内，人们之所以失败是因为他们希望失败。

基于某种理由，他们希望惩罚自己。在潜意识里，很多人不希望获胜。我不认为他们自己知道这一点。他们往往把失败归咎于运气不佳，但实际上是态度的问题，完全与运气无关。”

勇气

欧佩认为，勇气是杰出交易员的第二项最重要的心理素质。

> 在潜意识里，很多人不希望获胜。

“必须有相当大的勇气才能够承认自己的错误，必须有相当大的勇气才能够面对自己的损失，不会怨天尤人，必须有相当大的勇气才能自行承担错误的责任。”

面对损失，交易员经常不能坦然接受，他们不相信这一切是因为自己的错误，总是希望把责任归咎于老天爷或其他人。在《雪山盟》一书中，海明威回忆他如何失手而没有打中猎物。他可以责怪向导惊动猎物，但他没有这么做。反之，他认为，“如果你还有一点本事的话，任何的差错都是你本身的问题”。杰出的交易员要一定对自己负责。另外，一位杰出的交易员也要有乐于做少数派的勇气。

“持有一种与大多数人不同的看法，这也需要勇气。可是，你的看法与众人不同，并不代表你一定能够赚钱。不过，如果你能够脱离众人而坚持自己的看法，这是很重要的特质。某些情况下，这是胜负的关键，让你掌握绝佳的机会。最佳的交易机会必定无法获得大多数人的认同。其他人可能认为你很愚蠢，但你必须对自己信心十足地说：‘这就是我想做的，我相信自己的看法。’当我达成一个非常难以让其他人认同的结论，完全违背传统的观点，这种过程将会是非凡的历练。我知道自己的看法正确，断然根据这种看法建立仓位，然后我成功了。这种历练可以让你相信自己，知道自己可以看到别人所不能看到的事物。”

许多交易者欠缺这方面的勇气。每当某些权威性的投资通讯提出不同的看法，他们的信心就开始动摇。看到报纸上的某篇报道，他们忽然抛弃先前的所有研究结论。哲学家威廉·詹姆士(1842—1910)的一段话或许可以起到一些鼓舞勇气的作用。他在《实用主义》一书中写道：“当一套新理论出现的时候，最初被批评为荒谬，然后逐渐被接受，但仍然被视为明显而不重要的理论；最后，人们体会到它的重要性，连那些原来的反对者都会宣称自己是这套理论的缔造者。”

优秀交易员必须相信自己的能力。他们花费大量的时间发展交易系统，研究交易的对象，一旦建立仓位之后，他们专注于自己建立仓位的理由。如果他们听到谣言而提早卖出仓位，这相当于没有进行任何的研究或者说没有形成任何可靠的交易系统。

许多交易者在潜意识里就准备让媒体的评论来决定他们的仓位，因为这样可以把责任转嫁给别人。任何损失都是媒体的错，获利当然是归功于自己的交易技巧。把别人的主意摆在自己的看法之前，这往往也是为了规避责任，这往往是因为自信不足，尤其是在连续损失之后。为了解决这方面的问题，首先必须让自己独力承担所有的盈亏责任。你必须形成一套自己的交易系统，你需要对这个交易系统充满信心。唯有经过测试，发现它确实有效，你才能对系统产生信心。如果系统的操作绩效不理想，就应

> 最佳的交易机会必定无法获得普遍的认同。

该设法改善或将其放弃。

接下来，伯纳·欧佩又提出金融交易领域内所需要的另一种勇气，但运用的机会希望不要太多。

“必要的情况下，你需要有勇气投下庞大的赌注，因为这可能代表一个转折点，你知道这是一个不容错失的机会。总之，某种机会一旦出现，你必须投下庞大的赌注，这需要勇气。”

开放的心态

“开放的心态代表一切”，欧佩认为。这是成功交易的第三个关键特质。他举出一个例子。

“1987年大崩盘之后，我正在纽约从事EX期权的交易。当时，我没打算建立单方向的仓位，而是找机会进行多空之间的套利交易。举例来说，11月与12月到期的期权价格几乎完全相同，套利交易的机会非常多，实在令人觉得意外。任何不忙着补缴保证金而且具有资金实力的人，几乎都完全专注于单方向的仓位，或针对价格波动率操作。在这个案例中，我没有追随大众，这就是我所谓的开放心态与中立立场。当然，前述的套利机会现在已经不容易发生了，因为计算机的运用已经非常普遍。”

这属于套利的机会，因为最终行权价格不同的期权在当前的市场交易价格是相同的，它们的期权价格最后必须拉开。

研究金融市场的发展史或一般历史，可以培养开放的心态。观察各种事物，你会发现某些事物会变得不太相关，而另一些事物会变得更为相关。

很少有人会把历史研究列为交易成功的必要修养。可是，如果我们深入思考，还是能够体会其中的道理。欧佩举例说明许多杰出交易员的不同操作层次。在本书最后的“推荐读物”中，包括一些历史相关书籍。另外，还有一些19世纪的企业经济发展史，这些参考书或许能够引起你的兴趣，它们大多讨论目前重要产业的早期发展，如化工产业。这些书中提供了许多精彩的内容，说明某些产业、某些地区与某些国家何以兴盛或衰败，解释变动的原因与变动的过程。

止损出场

如同最稚嫩的交易员一样，伯纳·欧佩进行一些“如果……则……”的情节分析。换言之，如果某种情况发生，他怎么应对，如果另一种情况发生，又怎么应对。这类的计划涉及明智的止损。

“进行一笔交易之前，我会制定各种情况的因应对策，这往往涉及止损的设定，但我一律采用心理止损，绝不会实际设定止损。我知道场内交易员最擅长的技巧就是触发客户的止损，我有时也会设定目标价位，但不经常这么做。”

伯纳·欧佩提到，场内交易员经常故意触发止损，赚取轻松的利润。每个人都知道交易大众可能在哪些价位设定止损——整数价位，例如10。假定某只股票的报价是11—13，换言之，买进价格为11，卖出价格为13。这个报价代表做市者愿意在11买进，在13卖出；反之，一般交易大众愿意在11卖出，在13买进。这种情况下，一般交易大众很可能把止损卖单设定在10，做市者也很容易估计这样的止损价位。因此，做市者可以把价格压低到10，吃掉价位10的止损卖单，然后在13卖出。这也是为什么伯纳·欧佩不愿意实际设定止损的理由。

“在某些市场中，设定止损是很好的习惯，尤其是流动性高的市场。当然，设定止损也可能因为行情的反复而受害。最重要的原则是不要欺骗自己，保持开放的态度，随时可以改变心意，这方面的弹性很重要。不要让累积的获利或损失影响你的判断力。另外，承认自己犯错的勇气也很重要。止损很有用，可以迫使你产生自律精神。”

换言之，如果没有实际设定止损，你必须有足够的自律精神，在必要的情况下断然止损出场。你必须诚实面对自己，进行客观的分析，评估自己是否应该出场。

交易战术：

☞ 追踪关键玩家的活动，掌握公司事件的内涵。

☞ 哪些人与哪些因子可能影响股票价格？如何影响？动机何在？

☞ 随着时间架构与根本证券的不同，你必须调整分析方法。

☞ 务必考虑其他市场参与者正在想些什么。

☞“瑞士”方法：不带情绪地对待交易对象——客观而中立。

☞ 损失：每天都是由零损失开始。

☞ 损失：诚实对待自己，否则就必须开支票给伯纳·欧佩先生！

☞ 损失：你是否愿意在今天的价格建立仓位。

☞ 损失：感受恐惧的压力，避免重蹈覆辙。

☞ 客观并不代表交易没有艺术的成分。

☞ 你不必承担重大的风险，就足以博取巨大的获利。

☞ 风险与报酬的关系如何？

☞ 对于任何一笔交易，设定最大的风险标准。

☞ 设定仓位允许发生的最大损失金额。

☞ 分散投资，但分散的程度不可以超过自己的管理能力。

☞ 杰出的交易员必定对自己负责。

☞ 杰出的交易员有勇气认赔，承认自己的错误。

☞ 具备远离大众的勇气，如果你的判断正确，可以提升自我信心。

☞ 采用心理而不是实际的止损。

❖ 2 ❖

比尔·李普修兹
Bill Lipschutz

“一切向钱看。”

讨论主题：

☞资金来源与绩效影响

☞掌握个人交易员的优势

☞疯狂的专注热忱

☞所罗门交易员

☞降低运气成分

☞导师

☞恐惧与忧虑

☞信息网与信息汇整

☞交易架构

20 世纪80年代末期，比尔·李普修兹担任所罗门兄弟的外汇交易主管。对于专业交易员来说，所谓交易的最佳时机和最佳地点莫过于比尔·李普修兹当时面临的境遇。在《新金融怪杰》一书中，作者杰克·史瓦格把比尔·李普修兹形容为所罗门兄弟中交易规模最大也最成功的外汇交易员。这种描述并不奇怪，因为李普修兹的单笔交易金额通常都高达数十亿美元，获利也经常是以千万美元计算。根据史瓦格的估计，李普修兹任职所罗门兄弟的八年里，他个人创造的获利就超过5亿美元，相当于八年时间里平均每天获利25万美元。

所罗门兄弟公司时期

在康乃尔大学取得建筑设计学士与MBA学位之后，28岁的比尔·李普修兹于1982年加入所罗门兄弟公司。他在接受了股票与股票期权的训练之后被征召到外汇交易部门，从事场外市场与集中市场外汇期权产品的设计与推广工作。外汇市场是规模最大、流动性最高的金融市场，单日的交易量超过2万亿美元。

“在20世纪80年代，所罗门兄弟可以说是一个相当独特的组织，尤其是在外汇市场。约翰·古德弗兰的经营方式十分独特，以至于麦可·李韦士在《骗子扑克》一书中把他形容为恶名昭著的人。在汤姆·史特劳斯的管理下，公司的交易员都有充分的发挥空间。当然，如果我搞砸的话，还是必须自己负责，卷铺盖走人。虽然如此，我还是必须承认，很多机构都不能提供这类机会。其他公司通常不允许交易员建立类似的仓位或承担类似的风险。在这种环境下，交易员很快就学会自我负责与成熟的交易心态，绝对没有人会规定‘这是你的仓位限制，你必须认赔出场’。

“如果一个交易员的损失累积到某种程度，他的桌子就突然不见了。可是，你在这个环境里可以不断向前推进，只要你能够成功到达另一个层次，就可以继续推进。这是一种相当不寻常的文化，我当时还不能充分体会。现在回想起来，所罗门兄弟公司确实是一个独特的机构，管理阶层的那些人也很独特。

“我在所罗门兄弟工作的那段时间，公司对于绩效的衡量方法不同于资产管理公司。后者通常是以百分率报酬为基准，这经常造成误导，因为其中涉及额外增加的资本。在所罗门兄弟，从事交易往往不需要实际的资本，主要做市商与金融机构之间的外汇交易，这些基本上都是在信用的基础上进行的，不需要保证金，所以也不需要实际投入资本。当时，我们是通过所罗门兄弟的一家子公司从事交易，资本额只有100万美元。每年度的获利不论有多少，都转到母公司。所以，谁也不知道公司累积的收益到底有多少。可是，我们的信用额度高达1500亿美元。”

自行创业

比尔·李普修兹于1990年离开所罗门兄弟，自行成立罗威顿资本管理公司，这个名称是为了纪念康乃狄克南部的一个小镇。

“罗威顿公司成立于1991年，完全管理我们自己的资本，当时的资本规模不大。最初，这家公司只有我与另外两位同事，比尔·史崔克与龙·富隆，他们也是我在所罗门兄弟时的同事。根据当初的计划，我们打算将来也要管理外部的资金，但我们不确定由大型公司转变为自己当老板的小公司之后，是否能够继续掌握成功的众多要素。

“所以，我们利用自己的资金交易了一段时间。1993年底，我们开始向外筹募少量的资金。我的妻子尼来莉•琼丝曾在高盛担任了九年的机构业务员，不是在外汇领域而是固定收益证券，所以，由她负责筹募资金。在18个月之内，她大约筹措了1.5亿美元的资金。对于一家刚起步的小公司来说，这是相当大的一笔款项。虽然我们只从事外汇交易，但还是提出三个结构不同的基本产品，每套产品的风险收益目标与交易工具都不同。举例来说，某些产品完全不涉及期权，基本上从事当日冲销的即期外汇交易，任何仓位都尽量不拖到隔夜。另一种是中等风险的产品，包括一些期权组合，但尽量压低裸露的空头仓位，例如，期权卖空仓位、比率价差交易或其他类似仓位，我们也从事很多欧洲货币之间的价差交易。最后，我们还有一种激进型的产品，包括许多裸露的卖空仓位、比率价差交易、低delta值或其他类似的策略。我们利用这三种产品作为基本的架构，又推出各种风险/报酬比率合理的其他产品。

“基于种种理由，我们在1995年结束罗威顿的运作，另外成立一家公司，名称也非常奇怪，叫作海瑟席爵资本管理公司，海瑟席爵是约克夏的一个小镇的名字。在交易的层次上，新公司的业务没有什么不同，但管理层次上做了一些必要的改变。”

操作他人的资金

交易的资金来源可能影响操作风格与绩效，一般人恐怕很难理解这一点。如同比尔•李普修兹解释的，即使是最有经验的交易员也很难理解，除非他亲身体会。

“当初，我不了解其中存在差异。七年前，我非常单纯地认为，不论资金是来自于所罗门兄弟，还是来自十位富有的个人，抑或是来自于单一的客户，结果都没有什么不同。我的目标就是从市场中赚取最大的利润。事实上，不同的资金来源，必定会造成不同的交易策略，迫使交易员改变动机。问题绝不是单纯地说：‘我手头上有一些资金，不论来源如何，我会尽力而为，每天都尝试赚取一些利润。’没有那么简单。一家公司面对富有的客户，自然会产生许多不同的牵制力量，每个月的绩效将决定你的死活。

“资金管理是非常棘手的行业。问题不只是操作绩效，还必须考虑客户对于投资结果的预期。绝对的绩效数据经常造成误导。我可以对你说：‘过去五年来，我们最激进产品的总报酬为600%’，你可能会说：‘喔！600%！’可是，如果你不知道其他外汇经理人的操作绩效，或者不知道我们赚取这个绩效而承担的风险，这个数据本身并没有明确的意义。举例来说，假定某位经理人管理2亿美元的资金，其中1.2亿美元是属于特定投资目标的基金。如果这部分基金在四年之内赚取600%的报酬，投资人很可能会赎回资本，因为基金呈现的风险结构不符合投资人的预期。资金管理是一场非常复杂的游戏，经常需要违背常理的判断。

“让我们考虑乔治•索罗斯与彼得•林奇的不同交易方法。索罗斯通常都通过高度信用扩张进行操作，唯一的目标就是赚大钱。彼得•林奇管理的麦哲伦基金则迥然不同，首要目标是保障本金不亏。他身处大多头市场，又是一位杰出的选股好手，所以赚了不少钱。可是，请相信我，只要麦哲伦基金的绩效开始下滑，你就可以看见投资人大量赎回，最后连基金都会消失。而把资金交给乔治•索罗斯的客户们，心理上则都一定有所准备，基金价值可能突然下跌20%～30%。我想没有人会把所有的资金都投入量子基金，他们一定会分散投资。投资人的动机非常不同，投资人会挑选适合自己风格的基金。最后，客户的偏好必定会影响操盘人的交易风格。”

如同比尔•李普修兹解释的，不同的资金来源，意味着不同的客户动机与基金操作宗旨，也可能影响你的交易风格。身为交易员，我们都需要更多的资本。如果操作顺利，我们迟早都需要新的资金来源，或是借款(无须接受规范)，或是募集客户资金。不论资金的来源如何，你必须了解一点，由于你的交易风格可能受到影响，连带地也会影响交易绩效。最惨的情况就是绩效下滑，而资金又不是自己的。所以，追求新的资金之前，务必仔细评估你的交易会受到什么影响。

自有资金

交易资本的来源各自不同，最单纯者是自有资金。比尔•李普修兹说明他如何操作自有资金。

“对于投资之外的纯投机资金来说，我承担风险的忍耐力很高。原则上，如果亏损全部的投机资金，我可以坦然接受。当然，我不认为自己会发生完全的损失，但绝对有这方面的心理准备。现在，我持有一些投资，包括自己的房子，这是投资，也持有一个股票组合，这也算得上投资。剩余的资金就可以供我投机，我预期的报酬率比投资更高，但也准备接受更高的风险与巨大的价格波动。这类交易的毁灭性风险很高，换言之，可能发生100%的损失。”

对于自有资金，比尔·李普修兹只需要对自己负责，可以完全根据自己的偏好进行交易。可是，对于别人的资金，自由度显然就降低了，他接下来解释这一点。

他人的资金

“可是，当你受托管理客户的资金，又是另一回事了。客户表示，‘我知道你是一位投机交易员，我可以坦然接受20%的损失。’我经常与客户详谈，尝试了解他们的想法。我希望客户完全了解我们能够做什么，不能做什么。如果一位客户直视着我的眼睛说：‘我可以接受20%的损失，没问题。’在这种情况下，我知道他的意思是5%。如果我三天之后打电话给他，‘你知道吗？你的净值已经下跌了18%，我希望知道你的想法，如此才能讨论下一步的做法。’我保证，他一定忘掉了先前关于20%损失的说法。”

由于客户并非交易员，一旦发生严重的损失，客户未必能够妥善处理。当你接受委托管理客户的资金，你有责任协助他们，不要让客户陷入情绪上没有准备的处境。你不能拿着客户的资金，单纯地到市场中疯狂投机。

你不能拿着客户的资金，单纯地到市场中疯狂投机。

“对于一位基金经理人，如果你买进IBM股票而股价下跌25%，没有人会因此而请你走路，因为每个人都知道IBM基本面良好——这属于谨慎的投资。可是，如果你买进的是某只网络概念股，股价上涨80%之后又下跌，然后公司破产，你恐怕要因此卷铺盖走人。客户会赎回资金，你恐怕也很难再募集到资金。

“人们拟定投资决策时考虑的问题不只是报酬率，还涉及许多其他因素，这会直接影响交易的决策结果。如果某笔交易的胜算很高，你为什么不投入更多的资金？嗯，因为判断错误——即使出错概率只有5%，其结果也远比判断正确要惨烈，即使判断正确的概率高达95%。有些交易员认为，‘嘿！如果我帮客户赚取25%，他们一定很高兴，认为我是伟大的交易员，那我就可以赚取不少管理费。’可是，你知道吗？如果发生5%的亏损，他们就会抽回资金，我可能因此关门大吉了。”所以，交易决策不只是涉及胜负概率，情况要复杂多了。一般来说，除了获利的胜负概率之外，交易员还必须考虑一系列相关问题。

所以，操作客户资金的复杂程度远超过操作自有资金。你必须考虑交易的可能结果与客户的可能反应。你的决策势必受到客户反应的牵制，从而影响操作的绩效。对于公司的资金，压力相对较小，发挥的空间也较广。比尔•李普修兹接下来解释了这一点。

公司资本

“管理个人客户的资金，保障本金不受损失是首要目标，而身为公司的交易员，目标则是赚钱。另外，公司也比较能够接受损失。对于一家公司，重点在于这家公司是否希望介入外汇交易，个别交易员的绩效不太会影响这方面的结论。举例来说，如果某家公司发生2000万美元的损失，可能因此而开除操作的交易员，但不可能退出外汇交易。所以，外汇市场本身几乎绝不会成为归咎的对象。”

既然操作他人的资金必须受到各种限制，这可能引起一个问题：“为什么不向银行抵押借款，不论操作绩效如何，都必须清偿借款？”不幸的是，基于实务上的种种困难，经常都必须排除这种可行性。

“首先，如果某家投资银行或公司准备把交易或投机产品委托给个人管理，它们通常都希望这个人进入公司体系内。这并不是排斥把资金交给他人管理，但其中牵扯到许多敏感的问题，不论谁监督这方面的作业或批准放款，都很可能因此而丢掉饭碗。举例来说，假定你把资金交给ABC管理，万一发生几百万元的损失，每个人都会问：到底是谁批准的？接着，你就被炒鱿鱼了。反之，如果公司把资金交给某个部门管理，这是公司的决策。如果发生亏损，这些决策者不会因此而丢掉工作。”

总之，你必须考虑各种可供运用的资金来源，综合评估它们可能造成的得失，然后做成最后的决策。如果下金蛋的母鸡将因为外来资金而减产，是否值得？换言之，如果不能提升交易绩效，取得额外的资金又有什么意义呢？

因此，接受新资金之前，你必须考虑几个问题：

1．资金提供者表示的预期如何？

2．资金提供者的真正预期是什么？

3．我过去的操作绩效是否符合资金提供者的预期？

4．我的绩效能否满足资金提供者的真正预期？

5．如果不能满足资金提供者的预期，后果如何？

6. 资金提供者要求多大的控制权？

7. 资金提供者每隔多长时间评估操作绩效？

8. 资金提供者的个性如何？是否很难对付、不断找麻烦？

9. 可否设定某些规定？

个人交易者的优势

当然，大多数交易者并不是在大型投资银行工作，绝大部分的交易者都是利用空闲时间，偶尔尝试几笔精准的交易。相比之下，个人交易者是“大卫”，投资银行是“巨人”，前者欠缺后者的基本设备、后勤人员、研究条件、最新的信息系统、分析软件与硬件，同时也欠缺同业竞争的环境。可是，“大卫”也具备一些“巨人”所没有的优势。为了在市场上有效击败“巨人”，“大卫”必须充分发挥本身的优势。

优势1：无须勉强进行交易

虽然内心因等待而焦急，但等待有利的机会出现获利较高，这就是空仓的优势。如同李普修兹解释的，个人交易者在这方面占据的优势显然超过投资银行的专业交易员，后者必须应付上级主管的监督。

“如果你在大型机构担任交易员，大概很难说：‘今天的行情看起来不太对劲，还是看报纸吧’，因为老板可能找过来说：‘你不交易，看什么报纸？’事实上，如果交易员能够减少50%的交易次数，通常都可以赚更多的钱。

如果交易员能够减少50%的交易次数，通常都可以赚更多的钱。

“一年250个交易日，假定你每天都进行一笔交易，你知道最后的结果会怎么样吗？结果，关键的交易只有5笔，3笔交易的看法完全错误，让你赔了很多钱，2笔的判断完全正确，让你赚翻了。剩下的245笔交易都无关紧要——小赚小赔。很多情况下，根本不适合进场，但你勉强进行交易，结果只能期待解套出场；稍微不留心，你还可能建立一个胜算很差的仓位，结果造成重大损失。决定真正的胜负决策只有少数那么几个。

“务必了解‘空仓观望’的效益，如果没有适当的行情，如果没有胜算高的机会，就不要勉强进场。整个交易游戏的关键就是持续掌握优势，赌注必须押在胜算高的机会上。如果始终把握这个原则——根据定义——你就可以领先，当然毁灭性风险也必须够低，不至于因为两三笔连续亏损而被甩出局。所以，假定你在大机构担任交易员，如果某个人老是盯着说：‘你不关注交易仓位？难道你应该看报纸吗？’正确的回答是‘正是如此’。可是，管理阶层恐怕听不进去。”

优势2：决策控制程序

如果你操作自己的资金，你说怎样就怎样，一切的决策都由你控制。同理，如果你不是场内交易员而从事代客操作的业务，只要客户都是个人投资者，那还是有相当大的发挥空间。

“个人投资者不会每天打电话来烦你，因为他们根本不在意你持有什么仓位——做多、做空或空仓，不论在哪一方面，你都是唯一的决策者：交易什么、何时交易或是否交易。我之所以微笑，因为就像你一样，我踏入这个层次已经有一段时间了，我操作自己的资金——你、我或你准备访问的每个交易员——我们的绩效在某个时候都是480%，当然，你只希望访问那些成功的人。如果你自行操作的绩效不是480%、200%、80%或某个特定的水准，那就绝不可能成功。”

按照比尔•李普修兹的说法，如果你能够充分掌握交易决策权，操作绩效应该很理想，或许会优于银行的专业交易员。如果个人交易员不能达到这种绩效水准，一旦有人盯着你的时候，那就更难了。当我与东海银行的衍生品与套利部门主管(Kaveh Alamouti)讨论时，他也同意这种看法。我提到我的交易绩效不输给投资银行的明星交易员。关于这一点，我很遗憾地表示，这些明星交易员拥有的资本比我“稍微多一点”!

优势3：信息

个人投资者掌握的信息越来越多，他们在这方面已经不会落在专业交易员的下风，甚至处于相同的地位。所以，严格来说，谁也占不了信息的优势。

“就1997年的信息传递速度来说，已经没有人可以充分消化，没有人可以优先取得信息。某个人坐在肯萨斯小镇的客厅看电视，他取得信息的速度不会输给交易所内的交易员。十年之前，我在所罗门兄弟，因为我掌握信息科技，优势显然超过绝大部分的人。我的住处也有路透社与德励信息的设备，纽约仅有少数交易员能够办到这一点。现在，这一切都太普遍了。

“我希望家里也安装信息系统，否则就必须像其他交易员一样，透过伦敦的同事询问当时的行情，对于我来说，这相当于取得第二手信息。所以，透过家里的德励信息系统，我随时可以工作，随时可以掌握行情的发展。现在，几乎每个人都可以取得这种信息，专业交易员的优势已经不存在。”

千万不要让信息方便性成为一项负数。虽然你取得信息的速度类似于专业交易员，但他们有足够的资源来管理信息。20世纪90年代前，信息的问题是方便性、实时性与成本。90年代以后，信息的问题已经截然不同，关键在于信息管理。虽然你能够与所罗门兄弟同时取得信息，但这并不代表你可以高枕无忧。请记住，所有取得的信息都必须经过管理，否则没有太大的意义。

优势4：弹性与敏锐性

我们都知道，庞然大物很难灵活调整，这可以由物理学的惯性定律解释。交易领域内也有类似的法则，这是“大卫”掌握的优势。

“身为‘芝麻绿豆’，你可以很快调整自己的操作方向。许多小公司都同时操作许多市场。举例来说，如果某个市场突然出现交易机会或进行结构性变化，大型机构恐怕很难立即反应。公司的规模越大，橡皮图章越多，调整越耗费时间。这就是大型机构的特质。”

交易员必须观察整体产业的变动，就如同可口可乐的总裁必须留意整个软性饮料市场的变化。所以，当法令修改或发生其他结构变化，你比较容易调整产品或变更市场。在整个交易生涯里，这种优势或许只能运用一次，但还是值得铭记在心。

优势5：压力

小型交易者的命运完全操控在自己的手里，通常不太会承受他人的压力。可是，这未必是绝对的优势。

“相对于专业交易员来说，个人交易员不太会有受人监督的压力，没有人紧盯着你说：你必须做这个或者应该做那个。可是，反过来说，也没有人随时叮嘱你应有的原则，例如，‘你必须立刻认赔，这个仓位太大，那个仓位太小’。这可能是一项负数。身为个人交易员，没有一位利害与共的主管提供建议。你可能会说：‘这是一笔很棒的交易，我要坚持。’但在大型机构中，通常会有一位热心的主管告诉你，‘这个仓位没问题，那个仓位太大了，你的损失已经太严重，你必须出场。’”

因此，身为个人交易员，你必须体会外部压力的正面效益(例如，强制性的规范)，必须培养自律精神。

疯狂的专注热忱

你是否曾经想过，究竟是什么心理驱动一个人做某件事？全世界最富有的人，他们为什么每天一大早就起床工作？是因为贪婪吗？是因为无法克制的野心吗？还是因为自大狂妄想？这些问题的答案与交易境界之间存在密切的关系，可以解释伟大的成就者与伟大的交易员何以能够提升到伟大的境界。

“如果交易的动机在于金钱，方向显然错了。一位真正成功的交易员必须融入交易之中，金钱只是成功交易的附带品。虽然这种说法并不是我首先提出，但我相信这套理论。主要的动机不是成功的荣耀，成功带来的财富通常只是副产品。总之，‘游戏本身才是关键’。”

如果交易的动机在于金钱，方向显然错了。

除了动机，更重要的是热忱与专注。我想，大多数人都低估热忱、专注对于成功的重要性，尤其是非凡的成功。没错，交易确实有趣。你或许听过有交易员说：“我就是热爱交易，没钱也干。”如果你在这个领域内混得够久，将发现某些人——可能包括你本身在内——花费大量的时间阅读或分析各种资料，其中并没有明显的目的，只是因为有趣。某些人熬夜而尝试解开一个数学难题也是如此。

“为了踏上交易的杰出境界，你必须具备一种疯狂的热忱。你不能想‘如果我这么做，就可以买一辆保时捷，或如果我这么做就可以名利双收’。交易的动机必须发自肺腑，一种解决问题的执着。在整个交易生涯的漫长岁月里，很难始终维持这样的热忱。”

除非亲身体验，否则很难理解这种疯狂的热忱。这是一种高度的专注，其他一切似乎都不存在，视野之内没有其他的东西。这种热忱来自心理结构的最深层，展现在外的是极端勤奋的工作，不同于知识或教育。

“如果你遇到一位非常成功的交易员，他真诚相信自己的成功是因为比较聪明，反应较快，理解力较强，态度比较积极，那么你可以质疑他。所有成功的交易员都有一项共通的特质：不论他们是否受过高等教育或是顶着博士学位的荣誉，他们都是理解力强而工作勤奋的人。

“回想学生时代，功课好的学生通常有两种类型：第一种，他们非常用功，组织力强，有效率，按部就班做功课与练习，不断重复温习课文每个章节的内容。另外一种类型的人较少，他们就是非常聪明，不需要认真用功，具备非凡的理解力。你很少见到真正聪明而具备异常理解力的人，他们同时又非常认真工作。对于杰出交易员，他们通常具备这两种条件。他们非常聪明，理解力高，工作努力，组织力强。看起来或许杂乱无章，实际不然。”

比尔•李普修兹具备疯狂的热忱，而且非常幸运，他的导师与学习偶像也具备同样的特质。

“我认识一位英国绅士，名字叫麦克•辛普生，他当时在一家做市银行的交易室工作，我们之间有许多交易往来，随后他也加入所罗门兄弟。我认识他的时候，麦克已经有十几年的市场经验，我就是跟着他学到外汇市场的真正运作精髓的。他的期权理论不怎么样，但他的市场经验却很丰富，了解外汇市场的运作、做市活动的运作、市场流量的运作与行情波动的症结，能够掌握而专注于某些事物，忽略其他一切。在三年的时间里，我们通过电话成为好朋友。我们的背景相当类似，都是家里的独子，对于交易非常热衷，工作勤奋。每天清晨五点，他就会到达东京的办公室，一直工作到晚上九十点钟，然后才回家睡四个钟头。我认识他十年以来，他始终都是如此。当然，在我们认识之前，他已经工作多年了。”

聪明与高等教育，以及赚钱的欲望，这些条件或许可以带来成功。可是，对于非凡的成功，才华与勤奋是缺一不可的。如果你想知道成功的秘诀，那这就是了。

“你必须非常精明，愿意勤奋工作。你可以发现，许多非常聪明的人没有办法维持长期的成功，因为他们不愿意投资时间。驱动力量不应该来自赚钱的欲望，金钱只不过是副产品。你必须具备热忱，融入整个游戏之内。”

驱动力量不应该来自赚钱的欲望。

如果大家认为你发疯，这就是正轨了

疯狂的热忱，是一种罕见的素质，很少有人了解，更少有人具备。正因为如此，当某人展现这方面的能力时，可能成为众人的笑柄。旁观者看见成功的人，也看见勤奋工作的人，但他们通常不认为两者之间存在关联，也害怕两者之间存在关联，他们会以弗洛伊德式的防卫机制来安慰自己：“反正我又不希望成功，完全不值得，而且成功也不一定需要勤奋工作。”

“在这个领域里，我想很多人都不了解热忱与专注的重要性。对于一位工作勤奋的交易员，某些人或许认为，‘老天！他每天早上5：30起床，周末还继续工作，简直没有人生可言。我要离开这里去度假，到瑞士玩三个星期。’当然，我不是说交易员不应该度假，但这是心态的问题，杰出的交易员不会经常离开市场，他们不愿意这么做。”

比尔·李普修兹的说法让我想起一段故事。有位女士对伟大的小提琴家佛瑞兹·克莱斯勒说：“我愿意用我的生命来换取你演奏小提琴的技巧！”“这位女士，”克莱斯勒回答，“我就是如此。”接下来，比尔·李普修兹准备解释长久保持这些热忱与执着的可能原因。

“你在书中访问的每一位交易员，都具有明确的动机，这些动机有时候来自内心最深处的理由：或许他们当初来自经济条件很差的家庭，有些人可能基于内心的挣扎，或许因为他们的父亲非常成功而造成心理上的压力。可是，不论动机是什么，大众都很难理解。总之，一切都在于专注、热忱，这在别人眼中确实很奇怪。人们认为，'那家伙究竟是怎么回事？永远都在工作，不是做这个，就是做那个。'

"我想，这一件事对于我的交易生涯非常有帮助，我一直在不断思考市场的行情及其运作方式，尝试判断汇率的走势。我不会去想我放弃与朋友相处的时间，我放弃周末而留在这里，我放弃睡眠。我不会有这类的心态，我只是想交易而已。

"非凡的成功必须付出代价，许多人都不准备付出这种代价。对于那些缺乏能力的人，他们没有付出代价的资格。对于那些疯狂投入的人，他们几乎不需要付出代价，因为他们原本就热爱工作。"

转移注意：交易之外还有人生

当然，即使是最专注、热忱的人，也需要保持健全的个人生活。所以，热忱的态度也必须转移到其他的事物上，例如，家庭。就这方面来说，交易之外还需要有生活管理的技巧。

"有时候，某些事物在整个人生当中变得更重要，不可避免地迫使你转移注意。结婚之后，你有了家庭与小孩，这一切都很重要，你希望与他们共处。所以，你不能只专注于如何击败市场，为了健全的生活还需要有其他的考量：现在是星期六下午，我想我应该整理花园，或者与小比尔玩球。这是你应该做的事，而不是在市场收盘之后，继续盘算星期一早晨可能没有机会考虑的事情。

“当你聘用一些刚从学校毕业的人，他们可能充满热忱，但未必能够专注。在人生的这段时期内，刚好需要处理一些重要的问题。举例来说，没结婚的单身汉可能忙着约会，结了婚的人可能刚生小孩，这些都是人生大事，势必耗费许多心思。当然，我并不是说你不应该聘用单身或刚结婚的年轻人；我是说你应该寻找那些心态成熟、具备工作专注能力而同时能够处理生活中其他事务的人。

“从事交易，你必须有快速处理各种信息，并立即判断哪有需要优先处理的能力，什么东西最重要？什么东西会从根本上决定行情的大趋势？面对生活中的一切，你必须有高度的组织能力，能够评估事情的优先级，如此才能保持专注。唯有妥善组织时间，一位交易员才能够找到转移注意的时间——安排重新充电的时间。保持这种高度理解与工作精神的组合，我不认为这与聪明有什么关系，这是一种智慧，一种罕见的素养，所有成功交易员都需要具备的条件。”

童稚般的热忱

比尔·李普修兹讨论的疯狂专注，基本上是来自孩童般的热忱。这是一种好奇的心理，试图摸索与探究市场中的神秘。

“华尔街或其他金融中心这些代表金钱游戏的场所，吸引了许多野心勃勃的年轻人，他们希望拥有豪华的住宅、漂亮的汽车、昂贵的服饰，这都没有问题，我不能说这些是不当的动机或不存在的动机。可是，这些动机没有办法造就真正的成功。我想，最重要的是童稚般的热忱，企图探索交易的一切，包括你的竞争对手、不可捉摸的市场、千奇百怪的行情与不断地变化——就像变形虫一样，几乎没有任何实体。

“杰出交易员通常都具备童稚般的热忱，希望了解整个游戏的一切，不论是这场游戏的心理面、技术面，或市场中无名无状的种种，或个人如何对抗整体市场，或个人如何对抗交易对手。长期从事交易工作的人对于最古怪的事物也保持高度的热忱。举例来说，如果你与一位杰出的固定收益交易员谈话，他可以告诉你一些你从来没有想过的交割细节。”

对于市场的这种热忱，往往可以带来一些意外的效益。

“在费城从事外汇期权交易这段时间，让我对结算、通知与交割的程序了如指掌。举例来说，当时还没有采取自动执行的规定，期权到期的时候，如果你打算执行期权，必须在星期五下午5:00之前，通知期权清算公司(OCC)。因此，费城外汇期权的交易几乎都在星期五就截止了。可是，就法律上来说，期权合约是在星期六中午才到期，所以到星期六早上10:00之前，交易商还有一个机会窗口。如果星期五晚上或星期六早上发生一些足以影响汇价的消息，这就代表一项优势。同理，如果你挂单卖出的期权被撮合成交的话，一般都是在星期一早上通过清算会员得到通知。可是，OCC完成随机指派的程序后，资料在星期天下午1:00就整理完毕。因此，每个月总有一个星期天的下午(因为期权每个月只交割一次)，我会跑到OCC，较别人提早20个小时取得指派通知的资料，这个时候东京还没有开盘。我相信，很多人根本不愿意花时间或没有兴趣提早取得资料。

“你可以发现一种童稚般的热忱与完全的执着，尝试了解每项细节。他们会尽其所能，而且这些行为的目的都是因为行为本身。

他们这么做并不是为了‘如此可以让我成为更成功的交易员’，他们想知道更多，因为他们不能控制自己的热忱。”

所罗门兄弟的交易员：自信的狂徒?

比尔·李普修兹在所罗门兄弟工作的那段时间，所罗门兄弟就是投资银行的代名词，它培养出许多伟大的交易员。20世纪80年代后期，几乎每项金融最高表现的说法，都是用来形容这家投资银行的。所罗门兄弟要求交易员必须具备一些关键特质：承受损失的自信，克服自我而承认错误的勇气。

交易员必须具备一些奇怪的个性，交易员当然必须有强烈的自信、明确的自我。某些情况下，甚至必须有些霸气，可以强迫别人做原本不想做的事。霸气往往很重要，因为身为交易员，你错误的次数毕竟多于正确。假定你准备等待80%的胜算机会，绝不可能成为成功的交易员。如果交易平均有20%的成功概率，那你就够幸运了，你必须盘算如何从20%的胜算概率中赚钱。这是一个20/80的老问题（按照这套理论的说法，在大部分的行业中，80%的结果来自20%的努力，剩余20%的结果则来自80%的努力）。所以，如果你必须具备一些霸气或勇气，这是完全可以理解的。

> 假定你准备等待80%的胜算机会，绝对不可能成为成功的交易员。

“可是，如果你说：‘即使每个人的看法都不是如此，但我还是准备大赌一番’，这并不是我们讨论的勇气，这属于全垒打的情结。我们所谓的勇气、自信与自我，对象不是其他人，而是必须具备能够经常承认错误的心理特质的人。很多年轻人都不能接受自己犯错的事实。

“如果手中完全没有仓位，通常很容易判断当时的行情，清楚评估未来的可能走势。可是，如果你押下赌注，而且判断错误，这就很难了。首先，你必须承认自己押错了宝，然后结束它。对于每个人来说，这都是心理突破。某些人很容易做到这点，但这个决策还必须深入内心。所以，你不仅必须说‘我错了’，还必须朝另一个对的方向走。这非常困难，所以勇气非常重要。”

如果手中完全没有仓位，通常很容易判断当时的行情，清楚评估未来的可能走势。

所以，没有一面倒的绝对特质，每项特质都需要透过另一项辅助特质来维持均衡。举例来说，自信地承认错误，这种自我必须受到内省能力的均衡。

内省与自我重新评估都是自我的一部分。某些人非常情绪化而活力旺盛。当然，这都是相互关联的。专注的能力基本上是来自活力，你必须有非凡的活力。

本厂产品

遵循所罗门兄弟的团队精神，比尔•李普修兹聘用的人也具备团队运作的潜能与素养。当然，优秀的交易员需要先天的条件与后天的培养。

“当时，所罗门兄弟的交易员都是我们所谓的‘本厂产品’。所以，公司都是挑选刚从大学毕业的学生，通常都至少有MBA的学位，然后经过公司的多年培养。现在，我想金融产业已经变得比较奢侈，机构之间经常互挖墙脚，吸收已经相当成功的交易员，我相信所罗门兄弟也是如此。

“我不认为这是好现象。个人的忠诚，以及团队的密切合作，这都需要经过公司的培养，每个环节对于整个动态结构都很重要。交易的压力显然很大，我们都是凡夫俗子，同事之间完全可以互相信赖的关系很重要，这种信赖不只是照顾仓位，还包括理念、热心与鼓舞。对于未来可能发生的诡谲行情，培养坚实的内聚力与团队精神非常重要。

“聘用交易员，我所观察的大概都是学术方面的条件，当然这只是最低的条件。你希望寻找一些精明、反应迅速、受过数学训练的人。可是，这都是已经存在的条件，在个人条件与团体合作精神之间还必须取得均衡，这才是我挑选人才的决策关键。在大型机构中，不论个人的贡献有多大，他能否发挥出作为团队一分子的应有作用，以及是否尊重团队完整性，这两点才是成功与否的最终决定要素。”

运气的信徒

什么是运气，什么不是运气

比尔·李普修兹认为，运气在交易中扮演着很重要的角色。所谓运气，通常是指个人控制范围之外，能够导致有利结果的成分。让我们考虑某个行人尝试穿越马路。他没有办法控制马路上行驶的车辆。他可能会也可能不会被车撞到。如果闭着眼睛过马路，能够安全穿越马路其运气成分很高。相对于睁开眼睛来说，闭着眼睛安全穿越马路的运气成分较高。如果睁开眼睛，他比较能够控制穿越马路的行为，不太需要运气的成分。当然，睁开眼睛过马路，并不能绝对保证不会被车撞到，但可以掌握较高的成功概率。提高成功的概率，加强整个事件的控制能力，这相当于降低所需要的运气成分。

因为运气大部分来自缺乏控制，比尔•李普修兹尽可能强化控制，换言之，提高成功的概率。

“我相信，交易成功有相当大的成分来自运气。当然，这不是你在产品公开说明书中所希望强调的事实。如果你这么做，投资人的反应可能是‘嘿！这里有个基金经理人告诉我，一切都是运气’。我不是这个意思，我不是指掷骰子之类的运气，成功的交易员绝不会是赌徒。身为成功的交易员，关键是持续累积有利的概率或胜算，你越能够稳定累积这种概率，就越可能获致长期的成功。市场上有许多无能为力或无可奈何的事情，完全超出交易员的控制范围，交易员能够控制的仅及于明智的分析与明智的下注。所谓明智，就是掌握胜算或提高有利结果的发生概率。

“显然，如果你希望幸运降临到你的头上，你就必须身处幸运最可能发生的位置。你必须把自己摆在一个位置上，让自己能够接受别人的看法，能够保持弹性，能够静下来尝试了解新的观念。在这个位置上，你通常比较可能赢得幸运的眷顾。这也是‘尽可能尝试累积胜算’的另一种说法。”

所以，按照比尔•李普修兹的说法，如果你希望幸运，首先就必须让胜算站在你这边——提高控制能力，降低运气的成分。由于你不能取得绝对控制而完全排除运气的成分，最后究竟是好运还是倒霉，

> 尽可能尝试累积胜算。

只好看实际结果是否遵循概率的分配。举例来说，投掷一颗骰子，你打赌结果是1、2、3、4或5，概率理论告诉你，这个赌注的胜算很高。可是，如同比尔·李普修兹解释的，最后的结果是否爆冷门出现6，这就是运气的成分。

了解自己处于幸运之中

除了累积胜算而提高有利结果的发生概率外，你还必须了解自己什么时候处于“幸运”之中，如此才能充分运用机会。

“让我们打一个随意的比喻，某些情况下，你准备建立一个几乎必然正确的仓位——几乎一定赚钱。可是，你没有发现这个行情的发展远超过你当初的预期，结果你太早出场，所以，你错失了一波大行情。亏损时迅速认赔而获利时坚定持仓，这个原则就是要让你的少数获利仓位能够发挥到极限。当然，没有人知道一笔交易的最后结果将如何。一般来说，不论是充分掌握一个重大的获利行情，或是从一个重大亏损仓位中及早抽身，其中都有一些运气成分。”

因此，虽然你不太可能知道自己是否处于“幸运”之中，但你可以累积胜算而充分运用你的机会。

运气的其他层面

交易员的运气不只涉及交易结果的运气，还包括交易环境的各种层面。

“运气还有许多其他成分。你必须在正确的时间，处于正确的场合。举例来说，如果你是某家公司的交易员，公司的环境必须能够让你掌握机会。

“如果你任职于某家交易商，最后的发展将如何？你可能在20世纪80年代末期从事垃圾债券的交易，这是当时的大热门；同样在80年代末期，你也可能被指定交易市政公债，这是一个冷清的市场。所以，其中也有运气的成分。另外，某些业内的前辈或许愿意告诉你一些诀窍，让你节省数年的摸索时间，这也是运气。总之，在交易的行业里，运气永远是一个重要的变量。”

恐惧与忧虑

杰出的交易员不可以因为自信而对损失产生麻痹的感觉。他们必须感受损失的痛苦，但不可以让忧虑变成恐惧。

面临一场重要的比赛，职业运动选手都会表示，“如果你不觉得紧张，那就不正常了”。每个人都会产生疑虑情绪，某些人或许不太愿意对他人或自己显露这种情绪，而另一些人则比较愿意自省。杰出交易员都具备自我反省的能力，他们不断重新评估自己的表现与交易的方法。这种自省程序是杰出交易员的共同特质——不断尝试自我提升，绝不害怕失败。

“不论你多么成功，不论你多么棒，面对一场重大的比赛，胃部也免不了一阵翻腾。交易员也是如此。你必须学习如何区别恐惧与正常的忧虑。当然，你不能在恐惧的情绪下进行交易，你不能害怕扣动扳机。

“如果发生连续的损失，自然会产生疑虑，非常不愿意扣动扳机。不论怎么做，结果都是错的。每进行一笔交易，结果就是亏损。你必须学会如何控制这种情绪，学习如何控制恐惧。你必须感受亏损交易或错误交易带来的痛苦。如果你不会感受痛苦，那么你已经麻木了，交易生涯也结束了。所以，你必须体会痛苦的感受，但不能因此而害怕。”

你必须体会痛苦的感受，但不能因此而害怕。

某些情况下，交易员都难免会从正常的疑虑陷入不正常的恐惧中。如何克服情绪障碍而回到正常的交易状况，每个人的处理方式不同，这是个性的问题。

“关于如何克服恐惧的情绪，我不知道别人怎么处理，这基本上是个人的问题。不论个人的心理驱动因子如何，恐惧都是来自自身。凌晨3点，所有的灯光都熄灭了，只有路透社银幕的蓝色、绿色数据闪烁地盯着你，你的仓位越陷越深，你不知道打电话给谁，也不知道与谁讨论，没有人可以告诉你应该怎么办。

“唯有这个时候，你才知道自己是否陷入恐惧，能否克服恐惧，回到客观的分析上。你必须决定自己能否继续承受，或是否希望继续承受，这是通向成熟的一种过程。恐惧带来许多生理的征兆，有时候你希望干脆生病算了，这纯粹是个人的处理态度。很少人能够或愿意向内探索，强迫自己进行一些根本的个性调整。经过反省之后，或许可以得到一些有用的结论，或许不行。当然，这并不代表交易能否赚钱，只代表处理恐惧的能力。”

关于如何克服恐惧，比尔·李普修兹的说法让我想起电影《华尔街》的一段对白：“望着万丈深渊，除了黑暗之外，什么也看不见。这就是他发现自己个性的时候。”赫拉克赖脱说过：“性格决定一个人的命运。”纯粹的意志力可以克服任何的个性障碍。

信息网：汇整信息的效益

“我先前曾经提到，对于当代交易员来说，信息管理的问题远超过信息取得。在这种情况下，汇整其他人已经阅读、消化而整理出看法的资料，往往比较有效，尤其是当这些人与你持不同观点的时候。通过汇整信息，你涉及的信息层面可以远超过任何个人所能够单独分析的程度。汇整信息的效益不在于节省工作——个人的分析绝对没有替代品——而在于涉及更广泛的资料。另外，经过汇整的资料可以让自己的分析纳入其他看法，从而提供一个安全网。

“市场分析的难点之一，是当你取得某项信息或判定某项事件最可能的发展结果之后，你必须判断市场将因此而产生什么反应。如果没有其他交易员的协助，往往很难拟定客观的结论。所以，建立一个相当周全的网络，你可以了解不同国家中不同人们的不同看法，这对于外汇市场特别重要。通过电话沟通，让我了解不同人们对于相同新闻的解释可能截然不同。交易员对于这些不同解释而采取或不采取行动，将集体行为反映为市场行为。评估任何仓位或做出买卖之前，务必掌握市场对于某项信息的解释与反应。

“深入而多方面的沟通，是处理市场信息、市场认知、市场感受与市场反应的重要内容。根据我个人的看法，这一切都来自个人信息网与个人的感受。如果你与某个人谈话，可以通过声音了解他持有仓位的状况。我非常相信私下聊天(通常都是通过电话)的作用。举例来说，你打电话给某人，他通常都持有庞大的美元仓位，如果美元汇率出现重大变化，此时他在电话中虚无缥缈地胡扯，你还是可以由声调中判断他做多或做空，也可以判断他是否还持有仓位。

“另外，外汇交易涉及许多国家，每个国家的经济与政治系统各不相同，存在许多微妙的差异。系统内的政策拟定程序与环节往往让外人难以了解。举例来说，如果柯尔政府准备实行某项政策，你必须了解这对于德国有什么意义，在2个月、4个月、5个月或12个月之后会产生什么政治与经济上的后果，如果属于重大事件，那又会对汇率产生什么影响。如果你能够定期与德国方面的可靠渠道沟通，对于情况的掌握程度与反应速度就能够超过整体市场。”

信息网：市场想些什么

“另外，如果你由数个来源得到相同的信息，而这些人又没有彼此沟通，那么这类信息通常都可以反映市场观点。如果好几个人都提到‘德国央行的存款准备率’，那你就应该深入评估这一点，因为几个独立的消息来源都指向相同的议题。一般来说，无风不起浪。”

当然，顶着所罗门兄弟的旗号，比较容易建立全面的信息网络，一般人很难办到这一点。可是，即使你是在家里工作的个人交易员，还是可以透过计算机网络、各种报纸杂志建立信息网络。

可是，千万记住，绝不可以让别人的分析结论取代自己的观点。你必须评估别人的分析，不可以毫无过滤地全盘接收，绝不可以让别人代替你分析。另外，你所取得的信息都是“第二手”信息或“据说”，所以在处理上必须非常小心，重点还是应该摆在自己根据直接信息所作的分析上。如果你欠缺处理第二手信息的能力，则干脆不要采纳。

运用你本身不采用的分析方法

“我个人始终采用基本面分析方法，观察可能发生、正在发生或已经发生的总体经济与政治事件，考虑它们对汇率的影响。我不采用技术分析或图形分析，我不相信这套，也不打算利用这些技巧。可是，某些技术分析交易员相当成功，所以其中可能也有一些名堂。不论你是哪一类型的交易员，你都必须了解市场的感受，掌握那些可能影响行情的参与者行为。如果很多人相信技术分析，基于某些理由——月亮位置、占星学或天知道什么理由——而认定某个价位很重要，那你也必须知道这点。因为这个价位可能引起许多市场参与者采取行动，所以你必须了解，评估自己的仓位可能受到什么影响。因此，没有所谓的好方法或蠢方法，也没有什么正确或错误的方法。只要有特定数量的市场参与者产生某种感受，行情就会变动。在这个范围内，我希望了解技术分析的重要价位，尝试把这些结论考虑在内。”

所以，根据比尔·李普修兹的观点，不论你对于技术分析的评价如何，都必须至少了解其中的相关结论，因为这会影响你的仓位结果。巴顿将军曾经说过：“我一辈子都在研究敌人，我阅读对方军事将领与政治领袖的传记，甚至钻研他们的哲学理论，聆听他们的音乐。我研究对方每场战役的每个细节。我知道对方在任何特定状况下的每一种反应。可是，对方却一点也不知道我什么时候要从哪个角度踢他的屁股。”

“归根结底，交易只有一个法则：‘一切向钱看’。你可以自认为正确——可是，只要不能赚钱，你就错了。一切都回归到一点：精明的钱也是钱，愚蠢的钱也是钱。即使你是天字第一号笨蛋，只要交易的结果赚钱，你就是诸葛亮。”

虽然比尔·李普修兹不采用技术分析，但他还是运用相关的分析结论。首先，技术分析代表某些市场参与者的想法。其次，技术分析可以用来决定进场与出场的时机与价位。

“某些交易员利用技术分析协助判断进场与出场决策。基本分析的缺点是太过广泛，你很难削尖铅笔而指着‘在这里买进或在这里卖出’。你必须了解技术分析的技巧，例如，动能。因为很多市场参与者都采用，所以可能影响行情。”

交易架构

整合构想

交易员对于未来的行情产生某种看法之后，必须把相关的构想整合为一笔交易。如果你预期行情将走高，最简单的做法是买进根本资产。可是，依据你对行情的看法，其他复杂的策略或许有更理想的绩效。

“接下来是设计交易架构。交易的架构方法有很多种，细节更是数不胜数。你对于行情的判断可能完全正确，结果却是赔钱。如果时间拿捏稍微不准，就可能损失。架构一笔交易，必须提升获利的概率与潜能，减少损失的可能性。这就是交易游戏的精髓。

“举例来说，如果你看好日元的走势，可以透过许多不同方式做多日元。你可以买进日元、做多买进期权或销售卖出期权。如果你希望做多日元而日元汇价波动率很低，可以考虑买进期权的多头仓位。如果汇价波动率很高，可以考虑销售卖出期权。可是，如果汇价波动率真的非常高，销售卖出期权未必理想，或许应该直接买进作为根本资产的日元。所以，建构一笔交易，必须尽可能掌握所有的有利因素，尽可能累积胜算。

> 你对于行情的判断可能完全正确，结果却是赔钱。

“举例来说，假定你做多溢价买进期权的价差交易，其中买进一方的溢价为2%，销售一方的溢价为5%，如果你对于行情的发展方向判断正确，买进一方的期权随后进入平价状态，价格波动率将因为期权进入平价状态而产生相对变动。换言之，当你最初买进价差交易的时候，多、空两方的隐含价格波动率都高于平价期权隐含的价格波动率。现在，买进一方的期权进入平价状态，你知道这部分发生一些损失，因为平价期权现在隐含平价的价格波动率。所以，你必须了解其中的动态关系，尤其是运用比率价差交易的策略，如果你对于行情方向的判断正确，或许应该回补空头仓位，因为空头仓位很可能继续维持偏高的价值。”

可是，请注意，策略的结构越复杂，并不代表赚钱能力越高。

“我在所罗门兄弟期间的老板吉尔•赖恩戴克经常说，市场上有精明的资金与愚蠢的资金。可是，一天的交易结束之后，钱就是钱。换言之，不论你怎么把钱赚到手，来源一点也不重要。举例来说，如果买进IBM股票发生亏损，很多年轻人总是希望在IBM股票中讨回公道。事实上，这完全无关紧要。虽然在IBM股票上发生亏损，你也没有必要因此而强迫自己交易IBM。市场不会觉得痛痒。银行账户也不介意钱的来源。吉尔曾经对我说：‘我们为什么不单纯买、卖钱，然后赚钱。我们为什么要交易期权或其他复杂的东西。’他是说，精明的钱是钱，愚蠢的钱也是钱。有时候，你可以说‘买进’，价格上涨之后，你可以说‘卖出，谢了’。”

市场上有精明的资金与愚蠢的资金。可是，一天的交易结束之后，钱就是钱。

评估获利潜能与潜在损失

架构一笔交易，除了掌握获利潜能外，也必须考虑风险。

“最初建立仓位的时候，当然会设定获利了结与止损出场的目标。这些目标应该由你的交易构想来决定。仓位的规模则取决于你能够接受的最大金额损失。举例来说，假定目前的汇率是1美元=125 日元。另外，假定你认为日本与美国最近一回合贸易谈判的结果，应该让日元贬值到130，但基于技术性的考量，日元也可能升值到122.50。评估日元期权的定价结构之后，你决定最佳的仓位是直接在现货市场做空日元 / 买进美元。仓位的规模应该多大呢？这取决于交易账户的规模与你准备接受的最大损失。如果交易账户的资金为1000万美元，你顶多只愿意接受3%的损失，那你应该做空 1500 万美元价值的日元（译按： 30 万美元 × 125/2.5=1500万美元）。万一判断错误，损失是30万美元，如果判断正确而顺利在130回补日元，获利是60万美元。

“看起来很简单，是吗？可是，这只是在动态环境中的静态分析。建立仓位之后，新的信息不断发生，必须不断根据新信息而重新评估仓位的状态，调整目标价位。当然，如果行情朝不利的方向发展，但你坚持自己的判断正确，很可能因此不断调降止损点。这当然很危险，并不是我目前讨论的合理调整。你必须正确解释新的信息。总之，绝不可以跟自己讨价还价，最大的金额损失必须非常明确。”

因此，如何运用目标价位？如何根据新的信息重新评估？这都是交易架构的关键层面。防范损失的有效方法之一，是让获利潜能数倍于潜在损失。

“对于任何一笔交易，获利潜能都应该数倍于潜在损失。可是，两者之间的比率究竟应该如何呢？一般来说，短线交易——也就是准备在48小时之内结束的交易——比率应该是3∶1。对于长线交易，尤其是策略中涉及许多期权仓位，我设定的报酬／损失比率至少是5∶1。”

交易者经常利用期权来防范不利的价格走势。举例来说，如果一个交易员预期行情上涨，可能做多买进期权。可是，为了防范行情下跌的风险，他也可以买进一些卖出期权，或销售不同履约价格或到期的买进期权。

“我个人觉得，专业交易员把期权视为保险工具，似乎不太恰当。如果某个市场的流动性不高，或交易经常发生停顿，或许值得考虑期权的保险策略。可是，前述两种情况显然不会发生在外汇市场。专业交易员只要持有未平仓头寸，就应该随时追踪行情，随时都可以结束仓位或认赔出场。唯有在非常罕见的情况下，如果仓位规模实在太大而可能显著影响行情，我才会考虑采用期权作为保险工具。”

除了任何单笔交易都必须设定止损保障外，还需要防范连续损失。

“关于报酬与风险，我觉得处理心态不应该对称。为了维持长期的成功，必须专注于亏损、连续损失或这方面的相关问题。一定要知道自己准备损失多少，不论你的仓位规模大小，也不论你的看法正确与否，都是如此。你必须知道自己准备损失的程度。我不是说心理上的准备，每当进行一笔交易，就必须设定最大损失的金额，赤裸裸的数据。绝不允许自己被甩出局，必须保持再度进场的能力——明天、后天、大后天……今后的每一天都是如此。好好管理风险，获利就会自己照顾自己。”

一定要知道自己准备损失多少。

专注于损失风险，其中涉及一个问题：“什么时候结束仓位?”

“我想，结束亏损仓位的理由有两种。第一，如果预期之中应该发生的情节有改变，显然不可能发生了。举例来说，如果你预期某位左翼政治领袖将赢得大选，结果他没赢。第二，是价位到达预定的止损水准，不论你预期的情节是否正确，一旦发生这种情况，就没有讨价还价的余地，立即出场。”

导师：所罗门兄弟的经验

一位伟大交易员之所以伟大，不仅仅在于他如何接受损失或处理报酬 / 风险比率，杰出交易员的心智往往经过许多独特经验的塑造。比尔·李普修兹在这方面提供了一些经验。

“就我个人来说，专业交易的早期生涯受到一些重要的影响。许多资深交易员曾经照顾我，给我很多教导。吉尔·赖恩戴克是我在所罗门兄弟的第一个老板，在我掌管公司全球外汇部门之前，他曾经担任这个职务七年。他对我的影响很大。他的专长是固定收益而不是外汇，但吉尔之所以与众不同，完全在于他待人处事的方法与领导能力。

“关于市场的伦理与人际关系，吉尔是我的典范，包括个人的应对举止，以及与同事之间的相处方法。交易员都非常专注，企图心很强，有点神经质，你把自己的活力发挥到极限，你感到疲惫。你经常说出一些事后感到后悔的话或做出一些事后感到后悔的行为。吉尔教导部门内的交易员如何应对市场中的对手或同行。

“吉尔的一些话非常值得回味，例如，‘市场中有许多灰色地带，尤其是店头市场。’灰色地带是说人们偶尔会犯错。如果某位交易员报错价格，你是否强迫他承认？吉尔经常说：‘不妨想想，你是否希望自己的母亲明天在《纽约时报》读到这段新闻，如果不想，那就不要做。’

“吉尔说过很多这类的话。记得有一段时间，我对自己的要求很高，因此对于周遭一切的要求也很高。可是，别人的企图心或专注程度未必符合我要求的标准。举例来说，某个星期五晚上刚好也是一位助理人员的结婚纪念日，你希望留在办公室到晚上10点，就认定这位助理人员也应该如此，若不是如此，你就暴跳如雷。吉尔告诉我：‘比尔，你要知道，在正常上班期间，你可以对同事又吼又叫，你可以期待他们付出他们不准备付出的东西；可是，一天结束之后，人们只希望好好享受一天。对于你——比尔·李普修兹——好好享受一天可能代表某种意义，可是，对于助理人员或另一位交易员，这又完全是另一回事。你应该好好琢磨琢磨，对于每个人来说，什么是好好享受一天。’总之，他教导我许多有关市场上的人际互动关系。现在的年轻交易员都不太重视这些‘相互关照’。这对于我的整个交易生涯很有帮助。

“还有另一个人对我影响也很大，他叫作汤尼·巴斯塔蒙帝，当时是纽约马林密特朗银行的资深交易员。我们大概每个月都会共进一次午餐。对于交易员来说，外出午餐是不得了的大事，因为交易时段内通常不应该离开交易室，但汤尼的魅力实在太大了。我们谈论的主题大概都是远期汇价、期权对于外汇交易的影响，当然还有美元的一般性走势。他是一位伟大的导师。所以，我非常幸运，在不同的领域内能够得到许多导师的教诲，绝不局限于‘这是你买进的方法，这是你卖出的方法’。他们的教导涉及较多的人性层面，告诉你如何在这个行业内生存下去。对于我个人来说，这一切也属于成功的一部分。”

是否能够遇到名师，往往超出你能够控制的范围。因此，你还是需要仰赖一些运气。这些方面对于成功交易的影响，经常被忽略或忘记。

“所以，运气的成分实在很大。一切往往需要天时、地利与人和的相互配合。当你遇到某位对你有重大影响的人，整个人生际遇可能因此改变，踏上一条截然不同的路，就像经过雕塑的树木一样，如果听任发展，一棵树绝不会长成那种特定的形状。我经常记起某些人讲的话，可是，讲这些话的人自己恐怕都忘掉了。”

我们大概都能体会比尔·李普修兹语调中的感情。人生中总会遇上一些对于我们产生重大影响的人，让我们踏上一条原本不会走的路。以我个人为例，我记得牛津大学时代一位政治学讲师尼格尔·包利斯博士曾经告诉我，“牛津大学的学生当中，有90%都属于沉闷、无聊、没胆量、不敢冒险、万事安全第一的类型。其余的大多数人则属于第一流的人才。”这段评论多年以来一直盘旋在我的脑海里，但包利斯博士恐怕已经忘掉自己说过这段话。如同比尔描述的，这是“人生际遇改观的岔路口”。交易的情况也是如此，如果可能的话，应该寻求名师，请求教诲，使我们能够踏上更光明的道路。

交易战术：

- ☞ **资金的来源会如何影响你的交易绩效？**
- ☞ **个人交易员应该充分运用自己的优势：拒绝交易的能力、自主决策、信息取得的方便性、弹性、绩效压力较轻。**
- ☞ **你是否具备疯狂的专注热忱——对于市场产生童稚般的热忱。**
- ☞ **别人认为自己是疯子。**
- ☞ **自我必须受到自省的调和。**
- ☞ **如果每100笔交易平均发生80笔的损失，你是否还能够保持获利的局面？**
- ☞ **提升控制能力，累积胜算，尽可能降低运气的成分。**
- ☞ **市场的想法如何？**
- ☞ **即使你不相信某些分析方法，只要它们对于行情的影响力够大，你还是必须了解。**
- ☞ **根据自己对于行情的看法，根据交易架构设计最佳仓位。行情观点与仓位结构都同样重要。**
- ☞ **对于一笔交易，最佳结构未必复杂。**
- ☞ **为了保持长期获利，交易的获利潜能应该数倍于潜在损失。**

❖ 3 ❖

派特·亚伯
Pat Arbor

**“你必须抢先一步，
采取某些行动，
必须咬紧牙关，
承担风险。”**

讨论主题：

☞风险与风险管理的本质

☞循序渐进的交易

☞出场

☞杰出交易员的素质

派特·亚伯从1992年开始担任芝加哥期货交易所(CBOT)的主席，CBOT 是全球规模最大且历史最为悠久的期货与期权交易所。在担任主席职位之前，派特·亚伯在1900年到1903年期间担任CBOT的董事，在1987 年到1990年期间担任副主席的职位。自1955年以来，他就是CBOT 的会员。他同时也是美中商品交易所(属于CBOT的关系机构)的董事会主席。另外，他是沙·特金-阿伯-卡尔洛夫公司的主要股东，也是一位独立交易员。

作为CBOT的主席，派特·亚伯在1997年完成了三项伟大成就，确保了CBOT在21世纪仍然能够维持全球证券交易的主导地位。

第一，从5月9日开始，伦敦国际金融期货交易所与CBOT衔接了两种全球规模最大的债务合约的交易。这两种债务合约分别是LIFFE 的10年期德国公债期货与期权合约，以及CBOT的30年期美国公债期货与期权合约。

第二，从5月5日开始，道琼斯公司授权CBOT提供道琼斯工业指数的期货与期货期权交易。这些合约被视为“最后的大规模期货合约”。

第三，CBOT新金融交易中心最近落成，耗资1.82亿美元，是全球最大的交易营业场所。

派特·亚伯是芝加哥当地人，踏出校门之后，最初担任数学教师，后来担任伊利诺伊州哈伍德海茨的市长。

亚伯非常热衷于公众与社区活动，在慈善领域与银行组织中也表现活跃。1994年，克林顿总统任命他为西方新兴独立国家企业基金的董事，负责推广白俄罗斯、摩尔多瓦与乌克兰的民间企业，海外援助拨款的资本额为1.5亿美元。他也担任联合国难民委员会美国协会的顾问董事。

亚伯任职于芝加哥罗耀拉大学信托理事会的执行委员会，负责监督6.78亿美元的预算与14000名学生的福利，这也是美国境内天主教赞助的最大医疗中心。他是芝加哥男女青年慈善之家评议委员会的成员，住屋发展委员会的主席，妇女慈善救助辅导理事会的成员。1996 年10月，他被约瑟夫·伯那丁主教任命为天主教芝加哥总主教区委员。他成功推动1996年民主党全国代表大会在芝加哥举行，并担任1996年委员会的共同主席，是整个活动的主要赞助人。另外，他在专业与学术期刊中发表过许多金融方面的论文。

亚伯曾经在Park Ridge的第一国家银行信托公司担任了17年的董事，这是一家资本额3.25亿美元的银行控股公司，后来卖给第一美国银行。他也担任伦敦信托公司的董事，这是一家位于伦敦的上市控股公司。

芝加哥期货交易所

芝加哥期货交易所(CBOT)的主要功能是提供会员与客户交易的场所，监督交易的健全性，并且拓展各种交易市场。CBOT主要采用公开竞价的方式进行交易，交易员在营业厅内面对面地买卖期货合约。CBOT 的第二项功能是提供风险管理的机会，服务对象包括农夫、大型企业、小型公司以及其他市场参与者。

芝加哥期货交易所成立于1848年，由82位会员推广当地的商业活动，为商品买家与卖家提供一个公开的交易场所。1855年，CBOT正式推出谷物交易的期货合约。大约在110年之后，由于农产品交易不再是资本主义社会的主要经济活动，各国重新采用浮动汇率制度，以及美国政府发行的债务大量增长(主要是越南战争的缘故)，CBOT 扩大交易合约的范围，涵盖一系列金融期货交易工具。所以，CBOT 继续保持其交易创新的动力，成为资本主义发展过程的缩影。目前，CBOT有3600多个会员，提供57种不同的期货与期权产品，1996 年的全年交易量为22240万口合约。

第一次见到派特•亚伯是在CBOT的办公室里。他穿着交易夹克，看起来精神饱满。我们很快安排访问，然后我就赶搭班机回到伦敦。一个月之后，我们又在伦敦碰面，共进午餐，进行预先安排的访问。前一天，他刚搭协和飞机从纽约来到伦敦，道琼斯公司授权的合约最后拍板定案。同样，他看起来还是神采奕奕。事实上，他的成就主要归功于旺盛的精力与企图心。对于一位60多岁的人，他的精力不输给20多岁的年轻人。

为什么要承担风险

史前时代就存在风险自担的活动。远在公元前3500年，印度教的经典就记载掷骰子的赌博游戏。所以，彼得•伯恩斯坦在《与天为敌》一书中提到，“现代的风险观念源自印度。发源于印度的阿拉伯的数字系统在七八百年前传入西方。”承担风险不仅是古老的游戏与获利之道，这种心态也是所有经济发展的基础。事实上，如果人们都不愿意承担风险，绝不会有任何形式的发展。缺少承担风险的人，就不会有商业合约或买卖交易，也没有任何的服务可言。换言之，如果没有人愿意承担风险，整个文明势必因此而停顿。

“什么事都不干，就成不了任何事。你必须向前一步，采取某些行动，必须咬紧牙关，承担风险。一位优秀的交易员必须从事某些被视为高风险的行为。我们承担风险而尝试取得道琼斯的合约。我们赢了，芝加哥商业交易所(CME)输了。当然，我们很高兴最后的结果是如此。我们在LIFFE的合约衔接上也承担风险。很多会员都反对这项衔接：他们的观念非常狭隘，总认为合约起始于芝加哥，就应该结束于芝加哥。

“关于我们的新交易大楼，我也承担风险——价值1.82亿美元的最新科技建筑，面积60000平方英尺的交易中心。前任主席认为风险太大，争议性太高，但我相信这是我们赢得道琼斯合约的主要原因。关于这一点，会员给我的压力很大。他们认为投入的资金太多，负债过重。我想，交易也是如此。你必须向前一步，承担风险。”

风险管理

只要存在承担风险的行为，就有风险管理的必要，这是减少风险的需要。虽然风险代表不确定、不利事件发生的概率，但保险代表不利事件发生带来的效益。由于保险，风险可以降低到我们觉得可以接受的程度，使我们愿意从事风险行为。原则上来讲，风险承担行为提供的效益，不完全来自最初承担的风险，还包括保险手段提供的风险管理效益，使得风险不至于过高而阻止我们从事某项行为。产品保证书就属于保险，观察二手车的概况也属于保险，销售员的口头承诺也是保险。没有保险，人们所愿意承担的风险就比较小，使得进步与发展更困难。

接下来，派特·亚伯解释杰出交易员如何承担风险与管理风险。

“我想，杰出交易员必须有偏好稳定的心理，但这种稳定性不能太高，因为交易必然涉及某种程度的风险。一位交易员必须具备理想的心理结构：承担风险的能力、勇气，以及心理的稳定性。我认为杰出交易员对于风险的偏好应该高于正常人或一般交易员。所以，问题在于如何管理风险，和如何培养风险管理的自律精神。

“交易员必须能够管理风险。我想管理交易仓位的能力与自律精神也有关。有一位杰出交易员曾经告诉我说：输赢的关键不在于最初如何建立一笔交易，不论买进或做空都是如此；建立仓位之后，假定其他条件不变，行情只有三种可能的发展：上涨、下跌或维持不变。关键在于仓位建立之后，你如何管理。如果你的判断错误，是否有出场的策略？如果行情朝不利的方向发展，你怎么办？大多数情况下，交易员总是采取错误的行动。”

派特·亚伯讨论的风险管理决策，是关于如何降低不利事件进一步发展的风险，并提高有利事件发生的概率。他提供了一些不同的应对方法。

> 输赢的关键不在于最初如何建立一笔交易。

“当然，你没有办法预先安排每种应对策略，但只要行情开始朝不利的方向发展，最好立即考虑退出策略或替代策略。你通常都没有太多的反应时间，动作必须要快。显然，你可以建立反向的期权仓位——这是一种应对办法。你可以利用期权或期货，把既有仓位中性化。你也可以结束仓位。可是，有一件事绝不能做：加码摊平。一旦仓位发生亏损，首要原则就是不能加码。很明显，你的判断已经错了。唯有当行情反转，回到当初的进场价位，而且仓位已经获利，这个时候才可以考虑加码，绝不能让亏损的仓位越陷越深。”

派特·亚伯通过对冲的方式管理风险，通常是采用价差或避险策略。价差或避险策略至少由两个仓位构成，某一方获利的时候，另一方发生损失。换言之，这是经过保险的风险仓位。

“大多数情况下，风险都经过平衡。就我个人而言，我尽量从事价差交易或套利交易。如果我做多某个月份的黄豆，通常都会做空另一个月份的黄豆。我大多从事黄豆或公债的价差交易。如果做多长期公债，那就做空10年期的中期公债。有些情况下，我也会单纯做多某种商品，但还是会取得一些平衡，例如，做多玉米 / 做空黄豆，或做多黄豆 / 做空玉米。

“在可能的范围内，尽量拿苹果对苹果，但必要的时候也可以考虑苹果对橘子，但绝不要拿苹果对大象，不要尝试在两个完全无关的商品上建立对冲仓位，因为它们的盈亏不能彼此冲销。举个例子，我刚与澳洲小麦商会搭上线，澳洲小麦商会经常运用我们的市场。澳洲小麦属于硬红冬麦，品质高于CBOT交易的软红冬麦。软红冬麦不是很好的食用小麦(属于高级饲料)，但市场深度与流动性都很理想。虽然澳洲小麦商会从事出口，但也尝试在澳洲以外的地区进行避险；虽然软红小麦和澳洲小麦的基差经常不同，但它们避险的方式仍然是采用软红冬麦的合约。虽说如此，两种小麦的价格还是会呈现相同方向的走势，彼此之间的关系足以进行避险。这种情况大概类似于橘子对柠檬吧。必要的情况下，避险者可以接受任何的避风港，你需要避风的场所，需要管理风险，所以，如果船

必要的情况下，避险者可以接受任何的避风港。

只在海上遇到暴风，就需要进港避风——任何港口都可以。

“大型的国际性避险也是如此。虽然产品不完全相同，但已经够接近了。以CBOT的债券市场为例，房地产抵押债务的交易商经常运用我们的10年期合约，虽然他们希望针对7年期的风险仓位进行避险。他们采用10年期的合约，经过一些调整之后，就足以规避根本产品的7年期风险。

“每天交易结束之后，如果你问一位纯粹的价差交易员，‘今天的行情上涨或下跌？’他可能没概念。可是，如果你问他，11月至7 月的黄豆收盘价差是多少？他可以精确地告诉你，‘158～168’。他知道玉米与黄豆或长期公债与10年中期公债的精确比率价差，以及S&P对NASDAQ(纳斯达克指数)或对OEX(S&P 100现货指数)的价差。所以，价差或套利交易员可能不知道或不在意行情的涨跌。只要行情出现或价格发生波动，他们就会找出赚钱的办法。只要出现脱序的情况，他们就能够想出点子。

“我记得20世纪70年代发生的一笔交易，一家大型的谷物交易商下单买进黄豆。当天，由于一些利空消息，黄豆价格跌停板。重要的是，11月至1月的黄豆价差从11月价格高出34美分下降为高出17 美分。可是，当时11月与1月合约都还有交易，11月合约价格较1 月合约高出34美分。举例来说，1月合约价格是7美元，11月合约是7. 34美元。

“某家世界最大的交易商下单买进11月黄豆。他们打算买进500000 蒲式耳的11月黄豆，我卖给他们100手。当时，我还不算老手。我在7美元进场买进100手1月黄豆，在7. 34美元做空11月黄豆，然后问场内的价差交易员：‘1月至11月的报价多少？’他回答：

‘我卖你17美分，11月高出17美分。’我和他在17美分完成100手的交易，就这样赚进17000美元。这家谷物交易商买进500手合约，所以他们浪费了85000美元。我跑到柜台，告诉接单的人整个情况。他说：‘人家告诉我买进11月黄豆，我就买进11月黄豆。’我告诉他，‘可是你可以买进1月黄豆，然后进行价差交易，就可以节省85000 美元’。没错，他们就是会犯错。

“所以，价差交易员必须掌握这些机会，人们有时候会犯错，市场有时候会脱序。20世纪70年代，韩特兄弟当时活跃于白银市场，他们开始在CBOT或Comex大量买进白银，这两个市场的价格经常脱序。如果芝加哥的银价高于纽约，套利交易者就会进场，使得脱序现象回归正常。这也是为什么市场是决定价格的重要机制，因为它会自行调整。行情或许会脱序，但市场可以自行修正。

“就前述的白银投机来说，韩特兄弟实在是被美国各界的‘蚂蚁雄兵’搞垮的。当人们看见白银价格上涨到每盎司50美元，他们开始搬出餐柜里的银器，美国境内的熔银工厂也如雨后春笋般设立，大量的银器被熔解为银块，运到交易所进行交割。

“有时候会发生脱序现象，但市场很快就会自行调整，不论是CBOT 的营业大厅还是场外的投机交易都是如此。看见韩特兄弟上演轧空行情，全国各地的白银都跑出来了，白银供给暴增。道理都完全一样。只要发生脱序的现象，你就必须掌握机会。

“不久之前，我也看见德国公债合约发生类似的情况。CBOT也提供德国公债合约，而且相当成功，每天的平均交易量是8000～9000 手。由于芝加哥的报价高出ATP两三档，我看大家都非常兴奋，套利者开始在ATP买进，在芝加哥场内做空。现在，我们有许多市场可供交易，提供很多平衡风险的方法。

“你从事价差交易，也可能是因为你不愿意继续接受单纯仓位的风险。你可能看好某个行情，做多某个仓位，但进展得不顺利。你希望继续持有仓位，但考虑建立一些对冲的仓位，降低风险。如果建立黄豆的单纯多头仓位，或许可以做空一些黄豆饼或黄豆油，甚至做空玉米，冲销一些风险。如果S&P仓位的发展不顺利，可以做空一些债券。虽然继续保有仓位，但降低风险的同时也降低获利潜能。当然，你也可以干脆认赔；可是，如果你认为自己的看法没错，或许可以把原来的仓位调整为价差交易。所以，你可能让整个情况稍微中性一点，减少一些损失风险。我不认为这是很高明的策略。如同我所说的，最初的损失往往就是最小的损失，正确的做法或许应该是直接出场。”

> 最初的损失往往就是最小的损失。

通过价差或避险策略作为风险控制的手段，未必适用于每个人，派特•亚伯接下来讨论这一点。

适当的风格

“你必须决定自己是哪一类型的交易员：投机客、价差交易员或短线客。你必须找到适合自己的交易风格。以我个人来说，我属于价差交易员。为了寻找适当的交易风格，只需要看看你在哪个领域内比较能够赚钱。有些人跑到我的办公室里说：‘我是杰出的交易员’，我回答：‘没错’，他们说：‘我知道如何进行交易。’我还是回答：‘没错’，他们又说：‘我可以预测行情的涨跌’，我仍旧回答：‘没错，但重点在于你是否能够赚钱。’

“我们的行业不同于其他行业：你可能是很优秀的作家，但没有绝对客观的判断标准。即使赚了很多钱，你仍然可能是世界上最烂的作家，虽然你能够通过写作赚钱，但不代表你在写作这个领域内的成功。可是，在我们的行业里，赚钱就是关键，代表你的优秀程度。你可能是一位优秀的律师，但没有人知道。你可能赢得一些声誉，但我们行业里存在一个直接的衡量标准，这才是关键。所以，我会说：‘你不是优秀的交易员，因为你没有赚钱。’”

所以，避险虽然是管理风险的理想手段，但你是否应该成为一位避险交易员，完全取决于你的个性是否能够通过这种手段赚钱。

由小变大：循序渐进

为了取得最佳的交易结果与长期的获利，应该透过循序渐进的方式交易。我从来没有见过任何优秀的交易员主张疯狂的赌博，借以创造壮观的全垒打。

“我想，所谓的最佳交易员，应该是那种打算每天赚一点，聚少成多的稳健交易员。当然，你听过很多‘全垒打王’的成功故事，但如果研究‘全垒打’选手与那些每天尝试‘安打’的选手，可以发现前者的成功率远低于后者。所以，优秀交易员总是那些长期累积资本的人。如果你希望一次搞定，那就太困难了。

> 优秀交易员总是那些长期累积资本的人。

“我记得曾经对一位意大利交易员解释这个道理，每天一颗豆。如果你尝试每天只把一颗豆子装进袋子，一次一颗，那么一个月下来就有31颗。反之，如果尝试一次装进31颗豆子，可能撒得满地都是，说不定连一颗豆子也没有。所以，最好是慢慢来，由小变大，聚少成多。当然，如果你看见乔治•索罗斯或尼德霍夫，恐怕就不会这么想了。可是，如果你打算靠交易屠龙刀谋生，最后也会死在交易屠龙刀之下。

“一位杰出交易员曾经告诉我，但我不确定自己是否完全同意其中的观点，这是李•史腾说的，‘在整个交易生涯或累积资本的过程中，你经常会损失1/3的资本，然后你会扳回来，资本又逐渐成长，但你可能还会再发生1/3的损失，然后你再慢慢扳回来’。就像爬楼梯一样，前进三个台阶，退回一个台阶，坚持这个程序，你还是能够慢慢前进。”

关于“循序渐进的交易”，派特•亚伯的建议还有一项言外之意：必须愿意停留在场外。

“空仓是一种非常重要的自律精神。很多人不了解这一点。很多人认为你必须整天站在那里，永远都必须留在场内。某些情况下，行情非常沉闷，流动性欠佳，你就不应该交易。另一些情况下，行情波动非常剧烈，完全没有道理可言，你也不应该交易。当然，前者的情况比较常见。在完全没有行情的状况下，一些抢帽子的短线交易员还坚持留在那里。他们建立仓位只是为了打发时间，但进去容易出来难。我总是会劝他们，‘不该交易了。什么行情也没有，放轻松一点，到处走走，去喝杯咖啡吧。’”

断然认赔

对于任何交易员，最困难的部分往往是如何判断正确的出场时机。派特·亚伯提供一些建议，让你拿捏这些时机。

“首先，如果行情发生不利的走势，仓位出现亏损，这当然是第一个警讯。其次是你容忍痛苦的程度，容忍损失的能耐。如果亏损不大，你可以忍受，但累积到相当金额而构成伤害之后，你就知道问题严重了，应该出场。

“这大体上都是由痛苦的程度——资金损失的痛苦，自尊受伤的痛苦——来衡量。可是，一般来说，交易的原则是最初的损失往往就是最小的损失。刚开始的时候，损失还不会太严重，这通常就是最佳的认赔时机。如果发生损失，但情况不严重，行情盘旋在那里，你大概还能够容忍。可是，如果情况继续恶化，你不用想也知道什么时候应该出场。

“有些人会设定一些明确的标准，尤其是那些交易顾问，设定某种百分率的止损。举例来说，亏损不能超过资金的1%或5%。

“我是场内交易员，完全仰赖直觉的反应。可是，某些交易员还是采用百分率或特定金额的止损，计算的标准可以是你的总财产、交易资本或单笔交易的资金。

“我见过一些场内交易员，只要发生亏损，就立刻认赔，但他们永远都在认赔。我特别记得一位交易员，他对于认赔可能有一些心理障碍，我相信他去看过精神医师、心理顾问或天知道什么样的专家。结果，他在场内的行为突然不同了。每当交易发生亏损，他就变得非常夸张，希望每个人都知道他认赔的决心。据我所知，正常的交易员都会默默认赔。

认赔的难处不完全是金钱损失，还包括自尊的伤害。

“你知道吗？认赔的难处不完全是金钱损失，还包括自尊的伤害。这是你与自己进行的一场心智游戏，因为我们都自认为精明，对自己很有信心。当你判断错误时，不仅伤害荷包，也伤害自尊。举例来说，如果我在五块钱买进，现在的价位是三块钱，那我就希望价格回到五块钱，或至少也要比三块钱高。可是，市场才是老板，价钱由它决定。市场的智能远超过我们能够理解的范围，我们必须把市场看成是击败世界棋王盖里•卡斯巴洛夫的‘深蓝’超级计算机。市场会反映任何的既有信息，然后决定价格。

市场的智能远超过我们能够理解的范围。

“市场永远不会错。没有人比市场更精明。我见过许多交易员，智商超过150，顶着博士学位或出身哈佛大学的MBA，但交易的表现不怎么样，因为他们认为自己比市场精明。每天交易结束的时候，我们都是根据结算收盘价付款或收款。你必须记住这一点：你不可能真正击败市场。一些反向思考的交易员尝试背道而驰，逆着行情进行交易，某些人确实非常成功，但通常很困难。他们尝试在高点做空或低点买进，虽然我知道他们都带着数学模型或类似的系统，但这还是非常危险的行为。”

派特•亚伯传达的讯息是：市场是存在的事实，不是抗衡的对象。你不能采取主动，只能被动反应。你不应该对抗市场或尝试击败它。存着这种心理，认赔或许就比较简单一点。

是否希望成为交易员

如果某个人想成为专业交易员，我们想听听全球最大交易所的主席有什么建议。

“刚到CBOT的时候，我对于交易所知不多，也不知道应该做些什么。第一笔交易的结果……不提也罢。经过一段期间的摸索，逐渐能够判断成功的交易员与不成功的交易员的差别。然后，我开始研究他们，模仿他们。我发现，价差交易员与套利交易员都开着豪华的车子，过着不错的生活，所以我决定成为一位价差交易员。总之，找一些成功的交易员，然后进行复制。

“优秀交易员都具备一些素质：精明，对于数字的反应很快。几个月之前，我刚认识大卫•凯特。他就精明过人，反应灵敏，非常犀利，还有点鲁莽——这都是优秀交易员的特质。可是，他也有自律精神，相当潇洒，带着一点霸气。有些交易员能够同时处理许多事情。他可以听你说话，又与另一个人交谈，同时观察第三个人的行动。总之，你必须有一心数用的能耐，而且还能够做好每件事。

“我发现，场内交易员都具备一些运动细胞。大多数优秀交易员都具备运动细胞。当然也有一些例外，我的好朋友理查•丹尼斯就是如此，但他还是经常打网球。你必须有强烈的竞争欲望，手、眼、心的协调必须很好。你的体内必须流着竞争的血液。我们公司里有一些美式足球选手、篮球选手与田径选手。在交易场内表现最好的可能是网球运动选手，或许是因为他们的手、眼、心协调能力较高，经常进行一些心理训练。

“场外交易与场内交易截然不同。在场外从事交易，需要更多的耐心与信息，应该从更长期的角度进行交易，因为你很难不断累积小额利润。场外交易需要更高的自律精神，如果你具备足够的竞争能力，场内交易相对简单。

“当我刚踏入市场的时候，竞争不会这么剧烈——你只需要进入场内，找到某些成功的交易员，然后模仿他们。现在，情况完全不同了，真正的大玩家经常是那些场外交易员或机构交易员，运用精密的科技与复杂的定价模型。他们比较能够精确分析行情。你或许应该走这条路。

“如果你准备踏入这个行业，我认为你应该留意那些资产管理公司的交易手法。通常都是在某个月份与另一个月份之间进行套利，有时候是在欧洲股票与美国股票之间进行风险套利——他们具备这类资料与技巧。

“业余交易者很难赚钱。根据研究资料显示，类似如林德-沃尔多克之流的交易商，大概有85%～95%的客户赔钱。首先，他们的起始风险资本都太小，平均是25000美元左右。其次，他们通常都会放弃自己的优势，进出太过于频繁。业余交易者必须支付较高的佣金，游戏规则并不公平。如果你属于这类交易者，或许应该考虑期权交易，买进call或买进put。

“如果你打算从事交易，就必须投入全部的时间。交易相当诱人，因为看起来很简单。你应该找一家成功的交易商，由它来提供充分的信息，你可以看到别人怎样进行交易。格林威治、康乃狄克或纽约市的交易商都还不错。”

交易战术：

☞ 拟定风险管理的策略，如此才能降低不利行情的影响。

☞ 你是否适合采用价差交易来降低风险？

☞ 最初的损失往往是最小的损失。

☞ 循序渐进的交易：一次一粒豆子。

☞ 除非你能够赚钱，否则就不是优秀的交易员。

☞ 必须有相当大的自律精神才能够暂时停止交易，这往往也是对你最有利的决策。

☞ 出场——留在场内的痛苦是否太大？

☞ 你没有必要比市场精明，不要让自尊妨碍你及早认赔。

☞ 寻找成功的交易员，模仿他们。

☞ 不要受到市场引诱而误以为交易很简单。

❖ 4 ❖

琼·纳迦里恩
Jon Najarian

“海底的沉船都有一堆航海图。”

讨论主题：

☞交易的趣味与毅力

☞导师

☞竞争与卖价

☞自律精神

☞防范错误的保险

☞胜算高的交易

☞创造自己的运气

☞进场与出场时机

（如果读者不熟悉期权的观念，

阅读本章之前，或许应该先阅读《附录1》。）

六英尺高的壮硕身材，绑着一个小马尾——这就是琼•纳迦里恩的外貌。他究竟比较像阿诺德•施瓦辛格还是史蒂芬•西格尔，意见似乎相当有分歧。在营业厅里，他穿着交易夹克，上面别着“魔鬼终结者2”的徽章，徽章上的人物形象“阿尼”看起来很焦虑。

琼•纳迦里恩的办公室很大，但显得杂乱无章。巨大的计算机屏幕前面，摆着一张他专用的皮椅，扶手部分已经裂开，露出里面的海绵：究竟是因为无聊，或是因为其他更深层的情绪？我心中想着。房间里摆着许多奖杯，墙上挂着很多照片，反映有趣的大学生涯、快乐的家庭与成功。

1989年，琼•纳迦里恩成立麦丘里交易公司，该公司是一家指定主要做市商，负责维持特定股票的正常市场交易。两年之后，该公司的资本报酬率为415％。目前，该公司是芝加哥期权交易所第二活跃的做市交易商。我想，麦丘里交易公司的名称取得没错，麦丘里是罗马神话中的商业之神，也是交易员的守护神。

麦丘里提供60～80只股票的期权做市服务，大部分属于生化科技、高科技、医疗与游戏类股票。公司的收入不只来自做市活动，还包括方向性的交易仓位。在交投活跃的营业日，麦丘里大约执行50 万股与1万张期权合约的交易，成交金额约为6000万美元。目前，麦丘里的业务逐渐延伸到其他交易所（如费城证券交易所）与其他的产品（如外汇期权、实时报价服务与资金管理）。

琼博士的简要背景

1981年，琼·纳迦里恩从芝加哥小熊队退役，原来的线卫位置由新人麦克·辛格特力接替。经纪人希望把他推荐到CBOE，因为职业运动选手的态度比较积极，竞争欲望强烈，反应灵敏，这些都是存活于全球最大证券交易所的必要条件。

不久之后，这位经纪人告诉琼·纳迦里恩，他不具备专业交易员的条件。在这个时候，纳迦里恩已经决心要成为杰出的交易员。最初，他免费帮助一位交易员汤姆·郝工作，从而换取一些学习的机会。结果，汤姆·郝成为纳迦里恩的导师，他们现在还是好朋友。在四个月的跑单工作中，纳迦里恩同时也学习一些价差交易的知识。不久，纳迦里恩加入LETCO（CBOE的最大专业报价商），成为李·谭哲的交易伙伴。1983年，纳迦里恩正式进入CBOE，担任场内交易员。他直接接触了市场的核心：IBM——全球交投最活跃的股票期权。他一直从事这方面的工作，直到1989年成立麦丘里交易公司。

不能只擅长一项技巧

琼·纳迦里恩是一位超级交易员，他具备的条件远超过鲁本菲尔德在畅销书《超级交易员》第1章的描述。在纳迦里恩成立麦丘里交易公司的同时，他与汤姆·郝共同成立专业交易员协会，专门提供外国银行与大型企业相关的交易顾问服务，也为个人投资者举办讲习会。另外，纳迦里恩经常受邀发表演讲，主题包括衍生性产品、交易、产业与店头市场产品。他定期上金融新闻频道的节目，与比尔•葛里费斯共同讲解每周的期权行情，也经常在其他频道的节目中出现，如CNBC、WCIU与福克斯电视台的早间新闻节目。

1994年，纳迦里恩被推举为CBOE的董事，同时被任命为行销委员会的共同主席。出于大家的强烈要求，纳迦里恩成立了期权新闻交谊站，在空中与大家分享自己的观察，提供实时的新闻服务。

1997年，纳迦里恩成立“博士运星”（网站的网址为http://www.drjsplanet.com），宗旨是把场内的信息提供给场外的交易者。这个网站提供的信息相当不错，我非常建议各位上去看看。

致命吸引力

我发现杰出交易员都具备一项共同的特质，他们热爱自己的工作。他们的执着与热忱充满了生命的活力，就像吹着帆船的强风，一切并不追求特殊的目的。

> 交易涉及人生不可或缺的部分。

“我想，交易必须让你觉得很自在。如果你觉得不自在，那么交易可能不是你的终身事业，你的交易生涯不会很长。很多交易员都经常说，‘如果我大捞一笔的话，要搬到迷人的海边，经营一家冲浪公司或休闲运动公司’，我永远办不到这一点。我沉迷于交易，必须感受市场，实际从事交易。我所谓的沉迷，并不像赌徒离开不了赌台，但我确实离不开市场。我没有办法只监督下面的人进行交易，我必须自己来。

“我自认为是个不错的管理人才，但如果某个人提供一份管理的工作给我，薪水与我目前赚的钱一样多，我也不可能接受，因为我希望从事交易。交易是人生不可或缺的部分。”

请注意，琼•纳迦里恩并没有提到金钱是交易之所以有趣的原因。他因为交易本身而热爱交易。如果你对交易也有类似的感觉，那就算得上是少数的异类。如果你想测试自己对交易的感觉，不妨写下十种你觉得最有趣的事，看看‘交易’反映在你的脑海里有多快，就可以知道你对交易的热爱程度。

追求梦想的毅力

我们不应该认为琼•纳迦里恩在交易活动中无往不利。有些时候，他也会受到挫折；有些时候，他必须仰赖毅力渡过难关。

“刚踏入这个行业的时候，我觉得自己不适合。一切都毫无头绪，对于我来说，衍生品的定价是一个大问题，我完全缺乏这方面的背景。交易员究竟如何评估价格，他们对于经纪商提出的买/卖报价究竟如何反应，我对此是全无头绪。所以，最初三个月的经历让我充满挫折感，全然搞不清楚衍生品的定价。

“可是，我还是咬紧牙关撑过来了，慢慢就开窍了。我想，我的优势是敬业精神与解决问题的能力。敬业精神来自我的家庭，解决问题的能力来自我这辈子遭遇的困境。我偏好推理的工作。即使在这段最困难的时期我也没有回头，太棒了。当然，对于许多事情，你永远可以学到不同的处理方法与较佳的处理方式。这是一个充满乐趣的行业，我每天早晨都迫不及待地想进办公室。我实在太幸运了。”

琼•纳迦里恩之所以有今天，并不是因为他本来就热爱交易，而是通过毅力去探索与体会。面对交易困境，我们都应该秉持相同的精神。

“刚踏进这个行业的时候，问题是没有人可以照顾我，完全必须自行摸索。我的足球经纪人原本应该照顾我；可是，他对于交易的认识也只局限于节税的范围，一旦超过节税的领域，他什么也不懂。所以，刚进入场内的那段时间，没有人带领我。挂牌期权当时还是新玩意儿，即使有一些人了解，他们也绝对不愿意泄露这方面的秘诀。

“最后，我终于找到一位懂得期权的人，我愿意免费帮他工作，只求他带领我踏过门槛，教我如何交易。这是黑暗中的第一道光芒。我想，不论你是男人还是女人，决心最重要。当然，女人必须面临更大的障碍：我们那里大约只有2%的女性交易员。美国的每家交易所，女性交易员的人数都很少，所以我认为女性必须克服更大的障碍。另外，没有人愿意面对新的竞争者，没有人愿意‘引狼入室’。如果被挡在门外，必须具备拿头撞门的勇气，否则你不会成功。”

> 如果被挡在门外，必须具备拿头撞门的勇气，否则你不会成功。

是否需要可供模仿的良师

许多优秀交易员都有可供模仿的良师。这可能引发一个问题：何谓良师？

“根据我的经验，场内最炙手可热的交易员，通常也是最差劲的师傅。他们可能绝顶聪明，充分了解交易的方法，但这些诀窍都无法传授给你。所以，我会找一些成功的交易员，但不会找红得发紫的。一般来说，最红的交易员，讨教的人也最多，根本轮不到你。如果是我的话，我会找一些资金不是很雄厚的交易员，他们必须掌握‘十八般武艺’，从各种不同的角度来运用有限的资本。银行交易员几乎拥有无限的资本。

“大型机构，如摩根·士丹利、高盛或百利的交易员也是如此，总之他们拥有无限资金。这些人很容易完成他们那部分的工作，但未必了解如何运用有限的资金。因此，我会找一些财力不是特别雄厚的人，或许不是最红的交易员，但一定是绩效稳定的交易员。”

交易通讯刊物：代替师傅

如果找不到一位好师傅，也不代表全无指望。如同琼·纳迦里恩所说，还有一些东西可以代替师傅的作用。

“在美国，许多人都订购交易通讯刊物。通过计算机网络彼此交换心得，这也是一种可能性。当然，一位杰出的交易员，他的个性、交易风格与投资目标都可能和你不同。所以，不妨上网试试，或许有一些收获。

“另一个方法是阅读书籍或杂志上的文章，看看哪一位专家的交易风格跟你对盘。我想，市场上不乏优秀的交易员，但他们的交易手法不见得适合你。可是，你说不定可以找到某个人，他管理资金的方法与处理风险的心态都让你觉得很自然，这才有用处。你不能拿一个方块硬挤到圆洞里。我希望交易伙伴的风格让我觉得舒服，唯有如此，我才会每天都想工作。”

判断某个模仿对象是否符合你的个性之前，首先应该考虑一些问题：

❖ 你偏爱通过数学化、机械化的方法从事交易，还是采用比较仰赖直觉的方法？

❖ 交易的时间架构如何？你喜欢短线交易还是长期投资？

❖ 你偏爱的交易工具是什么？举例来说，某些人喜爱期权的程度超过期货。

你可以通过这些问题的答案来寻师学艺。举例来说，假定我偏爱期权，希望通过技术分析与短期的基本分析进行交易。在这种情况下，我希望自己的系统能够让仓位在开仓之后的十个交易日内平仓。这种交易风格不能仰赖任何一位师傅，但三者结合之后，或许可以强化你已经具备的概念。

优秀交易员的素质

竞争心态

琼•纳迦里恩强调了一些优秀交易员必须具备的素质。

“当我的经纪人引导我们进入交易圈子时，他同时挑选了几位职业运动选手，因为我们具备自律精神，个性外向，竞争欲望强。就场内交易来说，个性内向的人很难成功。

“我想，他的看法没错。我目前也是按照这些素质条件招募交易员。竞争的欲望让你敢扣下扳机，进场交易。自律精神让你知道什么时候应该认赔。这可能是场内交易员最重要的两项心理素质。对于那些场外交易员来说，自律精神则是他们跟我们抢饭碗的最重要利器。”

场内交易员需要具备旺盛的竞争欲望，因为他们每天都必须长时间在几乎全是男人的圈子里打滚，这些人看起来都怪怪的，大家挤来挤去，满嘴“三字经”，态度彪悍。对于每一笔交易，他们几乎都必须提供买价或卖价。在这种环境下，很容易让人觉得筋疲力尽。

自律精神

停留在舒适界限内的自律精神。

在本书的每一篇访问中，有一点非常清楚：自律精神是天字第一号原则，交易员必须具备的最重要特质。自律精神就是做应该做的事情。可是，在交易领域内，应该做的事往往也最难做。

“自律精神最重要。永远都要有自律精神，因为你随时都必须清仓。必要的情况下，我们就清仓离场，不论损失多大，也不论反转的概率多高。总之，清仓认赔，然后继续前进。有时候，你就是必须壮士断腕——眼睛一闭，砍下去。

“我告诉公司里的交易员，‘忘掉你的买进成本，忘掉你的做空价位，目前的持仓是不是一笔好交易？’如果行情将持续不利于仓位，就是差劲的交易，不管成本多高，立即认赔。如果风险参数已经太高，如果交易已经穿越舒适门槛，如果你已经踏出舒适界限，市场会帮你戴上眼罩，你只能看到损失，再也看不见其他的机会。所以，你会被绑住手脚，只能抱着损失堕入万丈深渊。这种情况下，你必须认赔，然后一切豁然开朗，你又进入舒适界限内，重新开始，继续进行下一笔交易，好好盘算自己怎么爬出来，绝不能心存侥幸，希望一个全垒打让你反败为胜。

“我认识一些楼上的交易员，他们的分析能力一级棒，但是不满足于在交易中只获得很小的利润。事实上，他们不是不能赚钱，但你不能像小鸟一样吃东西，却像大象一样拉……所以，你不能交易顺利的时候赚个一元或五角，不顺利的时候却赔个两三块。即使你对于行情的判断有七成的正确性，如果判断正确的时候赚一块，不正确的时候赔三块，恐怕总是在原地打转。”

你不能像小鸟一样吃东西，却像大象一样拉……

如同纳迦里恩所说，交易员需要自律精神，重点是要能够认赔。认赔不仅仅是为了避免损失扩大，同时也是为了避免交易心态受到扭曲。迎面而来的雪球越滚越大，势必让你脱离舒适界限，影响其他仓位的交易。换言之，一个仓位的损失可能导致其他仓位陷入损失，或错失获利机会。

认赔的心理效益

及时认赔的自律精神，也能够带来一些情绪效益。

“如果你的情绪涉入太深，这个行业可以把你生吞活剥，啃得尸骨不存。我们的交易员都相当情绪化，但发生的时机必须正确。当你面对损失的时候，就必须六亲不认，该砍就砍，然后继续前进。

“事实上，我也听过一些相反的故事。我想是杰西•利弗莫尔吧，他是一位伟大的交易员。据说周围的人都可以由他的反应了解他的交易状况。当他处于获利状态，脾气很坏，经常说‘浑蛋……’之类的话，对每个人都非常不友善。可是，当他处于亏损状态，就妙语如珠，跟每个人开玩笑。如果仓位发展不顺利，态度非常轻松，因为他认赔。他的心态是：当行情发展不利时，很容易处理，因为我有自律精神，只要认赔就可以了，一切都显得轻而易举。可是，如果行情发展顺利，那就麻烦了，你必须很有耐心寻找扣动扳机的时机，压力非常大。所以，对于利弗莫文来说，如果行情的发展对仓位有利，他觉得承受压力，脾气就很难控制。

“我们的情况也差不多如此，仓位发生亏损，断然认赔，然后继续前进。我们通常觉得不高兴。可是，当行情发展有利时，我们觉得很高兴，因为仓位持续累积获利。所以，心理反应上或许不同于利弗莫尔，但基本的概念还是一样。认赔很简单，因为这已经是机械化的行为，我们有一套方法来处理，然后继续往前，进行另一笔交易。”

因此，认赔的自律精神让情况变得更单纯，专门治疗胃痛、失眠，让你继续前进。如同纳迦里恩解释的，认赔相当于抛弃痛苦，使你得以继续交易。如果你还在照顾损失的伤口，势必无暇寻找其他的机会。

“有些交易员说，‘老天，我是个笨蛋。完全是因为这个星期没有上教堂，因为三岁的时候我打破了妈妈的花瓶’，这些人看起来很好笑，找一些奇怪的理由谴责自己。对于我们来说，这是游戏的一部分，也是人生的一部分。每隔一阵子，就必须烧毁甘蔗作物，让这些灰烬滋养大地，让土地变得更肥沃。从错误中学习，这是不可避免的过程。发生错误，就必须汲取教训，因为你已经付出代价。”

虽然有30%的交易发生亏损，但纳迦里恩还是获利。这让我想起杰克·尼克劳斯的一段话，解释他打高尔夫球的成功之道：“我想，我失控的次数稍微低于别人。”如同纳迦里恩接下来解释的，及时认赔可以让你保留情绪上的精力，运用于更适当的场合。

“拍背安慰自己的时候，我不会把手臂折断。另外，我想我很善于处理恶劣情况。当每个人都觉得惶恐的时候，也正是我思路最清晰的时刻。坦白讲，这是趁火打劫的时机，你必须掌握别人恐慌带来的机会。很多交易员可以办到这一点，因为他们始终都在自己忍受的痛苦门槛内进行交易。每个人都有容忍的极限，甚至乔治•索罗斯也不例外。只要痛苦超出限度，就不应该傻傻地坐在那里忍受。每当犯错的时候，我就理所当然地认赔，当别人觉得恐慌的时候，我绝对不会恐慌。”

所以，迅速认赔至少有以下六个理由：

❖ 最后的结果可能是更大的损失。

❖ 忙着“救火”让你错失其他的交易机会。

❖ 基于“弥补”的心理，你可能结束一些不应该结束的获利仓位。

❖ 为了照料一个无可救药的仓位，可能导致其他仓位的损失。

❖ 套牢资金而不能运用于报酬率更高的机会。

❖ 你应该缓和压力，让情绪平静下来，提高控制能力。

培养自律精神

琼•纳迦里恩培养自律精神的方法，就如同我们养成许多习惯的方法一样：采取特定的行为，哪怕这些行为会伴随着痛苦与难受。

“身为场内交易员，当你犯错的时候，你是在300多个人面前犯错。如果你必须在晚宴上认错，情况已经够尴尬了。基于相互竞争的心理，场内的交易员即使算不上敌人，他们也非常希望见到你犯错；在这种场合，认错确实困难。

“每当一位新手来到场内，交易员都会想着，‘我开一家麦当劳，现在对街开一家汉堡王。他或许不是我的敌人，但绝对是我的竞争对手，千万不要抢走我的生意。’在交易场内，我面对的都是竞争对手。我们都买进、卖出，一切都发生得很快，大家都随时准备抢先下手，谁的手脚利落，谁就赢，获利装进荷包。所以，对于我来说，最困难的部分就是学习如何在大家面前认错，而且不觉得难堪。

“就像做错事的时候，奶妈或教练给你一巴掌。当你准备拨弄这个或玩弄那个的时候，突然……一巴掌过来。最后，你自然就不会做某些事情。我就是如此培养自律精神。不论你多么棒，都必须坦然认赔。举例来说，我们每天平均从事2万张期权交易，如果一笔交易平均为10张，一天就有2000笔交易。即使我非常棒，其中70%的交易都获利，但还有30%发生损失，相当于600笔交易。我们的交易非常频繁，绝对需要自律精神。对于读者或非专业交易者来说，即使经常交易，每天可能也只有两三笔。可是，我们每天的交易量实在太大，不能没有自律精神。”

按照琼·纳迦里恩的说法，交易的自律精神是一种可以通过学习而被掌握的东西。

“我认为自律精神是一种通过学习而养成的反应。你可以教导其他的人养成这种习惯，可是如果他们有问题的话，你就必须狠一点——绝不允许他们失控。跟自己打交道，必须非常老实。最重要的一点，每笔交易都必须设定目标。如果我准备进行一笔交易，在30美元买进某只股票，因为我认为价格可能涨到35美元，那就必须设定下档的极限，比如说25美元，如果判断正确的话，我可以赚进5美元，万一判断错误，损失绝不可以超过5美元。所以，我设定好股票的盈利目标，那么损失绝对不允许超过我判断正确的获利程度。”

关于如何培养自律精神，纳迦里恩提到一些方法。归根结底，缺乏自律完全源于放纵心理。举例来说，面对一种情况，你有两条心理路径导致两个不同的反应行为。在心理层面上，你会挑选阻力最小的路径，感觉上最舒服、痛苦最小的路径。对于非专业交易者而言，这条路径通常也是最放纵而没有自律精神的路径。换言之，面对一笔失败的交易，认赔不是阻力最小的路径。而对于杰出交易员来说，自律的路径也就是最不痛苦的路径。身为场内交易员的纳迦里恩就是如此。他很快就发现，在众多交易员面前累积严重的亏损，相当于痛苦的巴掌。于是，他让自己进入状态，不愿意当巴夫洛夫的狗。

提高自律精神的方法还包括：

❖ 每笔交易都必须设定目标，预先安排出场的价位；风险/报酬比率必须至少为1∶1。

❖ 必须诚实对待自己：你是否逃避现实而不愿承认损失？是否希望走一条最不痛苦的路径？

❖ 运用坚决的意志力。

❖ 让某人监督你的交易，让他阻止你犯错。举例来说，如果你在家里从事交易，让老婆(或老公)监督你。

认知交易风险

衍生品是风险管理工具。就如同任何商品一样，你可以通过买进或卖出来控制风险。衍生品是转移风险的交易工具。杰出交易员对于风险的性质都有深刻的体会，最显著的特色或许是，他们都嫌恶风险，他们都十分注意防范错误的可能性。

“我非常排斥风险。你或许看到某些人在墙上挂着，‘承受风险不是你赚钱的唯一方法’。建立任何仓位都必须让自己明天能够继续交易。这一点非常重要。保留明天的交易实力，其重要性超过今天能不能获利。我们永远要控制风险，要设定底线。假定我希望做空行情，就如同我现在(1997年4月14日)对于美国股市的看法，因为我认为利率将走高而对市场构成压力。在这种情况下，我会采取裸露的空头策略吗？当然不会，我们买进put，每当行情下跌，我们就买进一堆call 锁定既有的获利，防范行情上扬而迫使我们吐回到手的获利。每年都只有几次好机会。联邦储备局打算提高利率，这当然是做空行情的机会。可是，我们会继续调整避险仓位而锁定获利，绝不会采用单纯的多头或空头策略。

保留明天的交易实力，其重要性超过今天能不能获利。

“当我们进场交易，都会采用避险策略。经过避险之后，如果一个仓位发生损失，另一个仓位就会获利。避险相当于是防范错误的保险。举例来说，如果买进call，可以销售其他履约价格或到期月份的call或买进put。我们对于行情的看法可能非常偏空，联邦储备局随时可能宣布调高利率，但我们一定会采取某些避险手段，万一判断错误才不至于伤及筋骨。每一天的交易时段内与交易结束时，我们都会评估市场是否同意我们的预设立场。如果答案是肯定的，我们就继续持有风险仓位，向下调整避险价位。如果我们认为市场的下档空间已经不大，行情可能触底回升，我们就会结束put的多头仓位，但是否会因此继续持有call的裸露多头仓位呢？不会，除非我们认为市场具有上升潜能，我们不会单纯撤掉风险仓位，让原先的避险仓位变为裸露的风险仓位。这不是我们进行交易的方法。”

琼•纳迦里恩强调一个事实，交易不是孤注一掷的赌局。留得青山在，不怕没柴烧。为了继续留在场内，今天就不能输掉所有的筹码。所以，虽然没有风险保护的裸露仓位往往有更高的获利潜力，但这不是他的交易方法。避险仓位相当于一份保单，你支付保险费，防范发生大灾难。为了节省保费而不买保险，这或许是人们常有的投机心理；可是，一场灾难可能扫光你的家当，明天再也不能进场。因此，风险管理必须具备避险的自律精神。

“当我们建立价差交易或避险交易，经常会想‘老天，如果哪个人把我绑住塞进柜子里，我现在就赚翻了’，因为股价持续下跌，我们就继续向下展延避险的call。没错，这就是避险者必须承担的诅咒。可是，这也是我们每天能够安心睡觉的理由。”

琼•纳迦里恩知道自己买了灾难保险，所以比较能够放松。

“经过星期五大跌148点之后，局面实在很惨，几乎找不到买盘。在这种情况下，如果我被套在一个仓位中，势必很慌张。可是，我们睡得像婴儿一样甜。当时，我人在纽约，正享受一段美好时光。事实上，我在星期五甚至没有进入交易大厅，因为我们都已经布局妥当，交易会按照计划进行。”

我们睡得像婴儿一样甜。

琼·纳迦里恩继续解释避险的效益。

“当然，我们有时候也希望自己没有按规矩办事，但通常还是庆幸自己具备自律精神。我们看到很多人押进所有的筹码，准备潇洒挥出一记全垒打。即使面临重大的行情，即使准备挥出全垒打，我们还是会控制风险的程度。即使我们买进许多溢价的put，还是会销售溢价put作为避险。虽然我们认为行情将大跌，仍然会控制风险。举例来说，如果在4美元买进put，销售其他put而赚进2美元，结果只承担2美元的风险。所以，我们能够长时间坐在赌桌上。那些没有避险的人，万一遭逢不利行情，恐怕只有拍拍屁股走人，但我们可以继续玩下去。”

由于避险的缘故，琼·纳迦里恩可以留在舒适界限内，发挥更敏锐的判断力。不妨回想一下前一次行情出现大涨或大跌而让你陷入恐慌的情境。你是否有世界末日的感觉？是否让你觉得胃部绞痛？是否影响其他的交易决策？若是如此，你是否考虑避险？当然，你必须盘算避险的成本，必须评估风险仓位愿意放弃多少获利潜能。另外，你也需要考虑避险如何影响风险/报酬比率，何时增加或减少避险仓位。风险完全没有问题，只要愿意的话，你就能够精确控制它。

琼·纳迦里恩提到一个例子，说明避险的重要性。这段故事发生在1991年9月20日与30日，涉及明尼亚波利斯的一家导尿管制造商。麦丘里是这家公司的指定主要做市商。

“一天之内，股价从每股8美元跌到5.5美元。市场持续抛空行情，我们也整天一直接手。另外，我们也持有put的空头仓位，每当行情下跌超过某个程度，我们就销售put，所以做多行情的仓位持续累积，而且销售的数量越来越大。事实上，这完全违背应有的做法。这波走势刚开始的时候，我们损失了100万美元，走势过程中，损失累积到数百万美元。最后，我们总算清醒过来，回头采取我们最擅长的手法：任何交易都必须限定损失。历来大约在两个月的时间里，我们慢慢把损失弥补过来，这完全仰赖我们的自律精神。

“如同我说的，我不在意你今天赚多少钱，我要你明天继续保持赚钱的能力。当时，我们的交易员打算大赚一笔，因为盈余报告公布之前，权利金高得离谱，所以他们就一直卖。我们不应该只建立单一方向的仓位。我们应该买一点保险，但显然我们并没有这么做。事情发生的时候，处理该股票的交易员只看到钞票，盘算着明天的权利金收入可以赚多少钱。另外，风险/报酬比率也不对。我们的交易员知道行情会下跌，但没有想到跌这么深。

“这就是一个典型的例子，即使我们认为某个事件发生的概率高达80%，也不应该丝毫不理会风险。所以，关键的原则是‘我们明天会如何’，不是我们今天赚多少。我们关心明天的程度必须超过今天。”

> 原则是“我们明天会如何”，不是我们今天赚多少。

风险分析：交易就像扑克赌局

由于嫌恶风险，琼·纳迦里恩建立任何交易之前，都希望尽可能提高胜算。

“我睡得像婴儿一样甜，当我们进场建立大额仓位时，胜算通常很高，因为我们已经预先做过功课，非常有信心。万一判断错误，我们就砍掉、认赔，然后继续前进。

“某些交易商聘用的交易员就像是专业棋手或职业赌徒。我们比较重视算牌能力，我不认为这是赌博。当我们去赌场的时候，目的是工作。唯有知道自己的胜算，才坐上赌桌。我们有几位交易员能够记住好几副牌。进场时，他们希望拥有最高的胜算。交易的情况也是如此，机会来的时候，我们会算牌，预先设想随后的计划，尽可能盘算我们拥有的优势。桌上已经翻开很多牌。如果明天即将公布重要的财务报告，摩根、雷曼或所罗门往往大量买进。他们可能有掌握信息的优势，所以我们必须控制风险，跟着他们的方向下注。

“我认为股票涨、跌的概率都差不多。就像赌场里的算牌老手一样，我们观察长期走势图，盘算当时的价格形态，下注之前都预先评估获利潜能是否高于损失风险，所以总是能够取得有利的胜算。可是，观察图形本身并不够。海底的沉船都有一堆航海图。所以，我们不能只仰赖图形。

> 海底的沉船都有一堆航海图。

“其次，我们观察买方与卖方。同样，在衍生品交易方面，我们观察所罗门兄弟、摩根士坦利、雷曼与国民西敏寺银行，如果他们不断买进某只股票，我们知道他们赌行情上涨。我们搜集所有的信息。如果走势图上的价格形态很不错，机构买盘不断进场，还必须考虑：是否有什么新闻？是否即将公布财务报告？各方面的评论是否都很有利？是否即将推出新产品？是否有某项法律诉讼即将宣判？经过综合评估之后，一旦我们实际押下赌注，总是拥有显著的胜算。很多人不能掌握这些信息，所以他们更需要让自己累积起更大的胜算。”

很少有人会把专业交易员想象为嫌恶风险、绑紧安全带的人，更别提杰出交易员了。可是，嫌恶风险与安全第一，正是杰出交易员的特色。所以，当琼•纳迦里恩进场建立仓位时，他要求获利潜能必须远大于潜在损失，即使交易不可能发生损失也是如此。

“我所能够接受的最低风险／报酬比率是1∶1，但通常都是2∶1或3∶1。如果我在30美元买进某股票，认定盈利目标是35美元，那么止损就必须设定在29美元或28美元，使得获利潜能是潜在损失的好几倍。如果我的看法错误，断然认赔，继续前进。

“如果判断正确的获利只有5美元，你不能说，‘如果判断错误，我愿意抱着股票跌到20美元’，否则交易生涯恐怕很短暂。

“我绝不接受较大的潜在风险。即使我认为股价非涨不可，也不可能为了取得5美元的获利而承担10美元的下跌风险。这属于不可接受的风险。”

出场：扣动扳机，正中目标

很多交易员非常注意如何筛选交易对象，却忽略如何结束仓位。他们似乎期待交易天神及时显灵，告诉他们正确的出场时机。如何结束仓位？这个问题的重要性绝不次于如何建立仓位。对于琼•纳迦里恩来说，进场的理由与出场的理由之间存在密切的关联。

“一旦我们期待的事件发生，就结束仓位。建立某笔交易的

‘扳机’究竟是什么？如果扳机是盈财务报告，那么财报公布之后，我就扣动扳机，‘砰’一声就出场。如果我认为价格上涨的动力来自于公布新产品、资源探勘或共同基金的资金流入，只要消息得到证实，立即出场，否则我就不再有任何优势。

“我不会因为《商业周刊》或《福布斯》杂志上的某一篇文章而买进股票，虽然它们都是不错的杂志，提供了许多信息。我会综合所有的信息，然后计划一笔交易。这只股票的价格驱动力究竟来自何处？如果买进的原因是某个分析师或某个协会推荐的股票，一旦消息公布我就出场，除非还有另外的原因。”

> 建立某笔交易的“扳机”究竟是什么？

即使股票没有到达目标价位，扳机的概念也适用，但往往很困难。如果股价没有到达预期的价位，当然会失望，你可能会重新解释扳机，说服自己原先的扳机已经不适用，或出现新的扳机：总之，寻找种种理由，避免结束仓位。你必须了解这种心理诱惑，想办法避开这个陷阱。如同琼·纳迦里恩接下来解释的，扳机应该属于交易计划的一部分。

“越来越少有交易员从事一些临时起意的交易，期货交易员容易有这种情况。一般来说，衍生性产品交易员的脑海里都会有一些情节构想，股票将因为某种理由而上涨或下跌。然后，他们拟订一些因应计划，准备处理手中的牌——价格形态、公司推荐或其他各种理由。他们评估相关的信息，越来越相信自己应该赌某边的行情。最后，他们判断如何在最有把握的情况下进场。”

如何让一笔交易不会太早离场？一个亏损的仓位是否可能反败为胜？这都是经常困扰广大交易员的问题，琼·纳迦里恩对此提供了一些建议。

“重点还是在于‘交易目标’。如果交易员采用作战计划，设定交易目标，那么他不应该砍掉损失，而是要砍掉整笔交易。如果我估计股票可能上涨到35美元，结果在27美元认赔，我不是在27美元减少持股，我是在27美元结束交易。我是认赔。接着，如果我认为情况发生变化，基于某种理由而相信股价具备上涨的潜能，是否会在28美元重新进场？当然。可是，买进的理由绝对不是因为28美元比较便宜，我也不会在27美元分批出场。

“同理，假定我在4美元购买期权，盈利目标为6美元，止损位为3 美元；不久，价格跌到3.25美元，只要价格继续下跌到3美元，没有任何事件会改变我的心意——立即出场。我不会减少期权的持有数量，而是结束整个仓位。我会认赔出场，继续前进。我宁可一次就把错误处理完毕，不会重复处理相同的错误。抛除痛苦，认赔出场。”

> 我宁可一次就把错误处理完毕，不会重复处理相同的错误。

所以，只要出场目标遭到触及，琼•纳迦里恩就出场。他不会分批出场，因为没有理由这么做；设定目标，如果被触及就出场——全有或全无。

创造自己的运气

运气在交易中扮演什么样的角色？去年的获利有多大成分来自运气？今年的运气是否会变化而造成亏损？琼•纳迦里恩相信交易确实涉及运气。可是，对于他来说，运气不是上帝的旨意，而是周全计划与详细盘算的产物。

“运气很重要。有些交易员就是运气不佳。可是，你自己也必须负起部分责任：‘一开盘就触发我的止损’，然后责怪闹钟、责怪老婆或责怪小孩，就是不认为自己有任何责任，‘这种事什么时候不能发生，为何刚好挑在IBM公布盈余的日子或到期日’。从某个角度来说，这确实是运气，但也涉及不负责的心态。”

亚伯·艾利斯曾经说过，“生命中的好时光，是当你能够自行决定事务的时候。你不会责怪母亲、社会或总统。你必须了解，你控制自己的命运。

“我认识一位清算公司的主管，他告诉我，每当交易员找他的时候，他都会问：‘你是否自认为是一个运气很好的人？’交易员通常都会反问：‘你所谓的运气是什么意思？’他回答：‘你是否认为自己运气欠佳？走在街上，鸟粪就是掉在你的头上而不是别人？你的雨伞是否会被风刮走？是否被车子溅了一身污水？如果这些事情都发生在你身上，我不会帮你清算。’他认为，每个人在某种程度上都会创造自己的运气；你不应该站在积水的旁边。当然，小鸟要飞过你的头顶，你确实无能为力。可是，如果一些倒霉事总是发生在你身上，那恐怕就不是运气的问题，很可能是你自己让倒霉的事情发生。

> 走在街上，鸟粪就是掉在你的头上而不是别人？

“有些人会对自己做一些负面的事。我相不相信运气？绝对相信。白手起家的人可能过度崇拜自己。我认为，每件事情都多少涉及一些运气的成分。如果我刚好在最佳时机买进某只股票——这可能是因为我自己的缘故，也可能是运气。如果我非常自信，可能认为这是我的技巧；从事后的角度来看，我也可能想，‘实在太幸运了’。我们往往宁可要运气而不要技巧。

“你必须愿意对自己的行为负责。你不能总认为，‘一切都是因为这家伙搞砸了，所以我被套牢，股价开盘下跌10美元，我却抱着一堆股票，完全无能为力’。这不是可以接受的借口。你必须有能力说：‘我这么做是因为这些理由，结果我错了，所以我认赔’。这是我所希望从手下交易员那里听到的话。可是，许多交易员碰到麻烦的时候，情况恰好相反。他们希望把一切都归咎于其他人。所以，负责的态度非常重要。对于新进的交易员，如果一开始就出现这类推卸责任的倾向，我们就判断他没有多大的成功机会。我们会密切观察他。”

不妨回想最近三次的亏损经验，你的反应怎么样？是否怨天尤人？若是如此，你显然还没有培养正确的责任心态。缺乏这种责任心，你就不能分析亏损发生的原因；更重要的是，你就没有机会改正错误。结果，你将因为一些相同的原因而不断发生亏损。

琼•纳迦里恩相信，很多人看起来很倒霉，主要是因为他们希望失败。他们在潜意识中希望失败，反映在表面的就是一些倒霉的事情。

“我们来到这里是为了赚钱。某些人对于生活中的各种事物都存在罪恶感——他们不清楚自己是否值得拥有这个，是否足够精明做那个。”

琼•纳迦里恩建议，为了提升自己的运气，首先需要具备获胜的欲望。你是否基于某些理由而对于交易成功觉得不自在？其次，你必须预期某些事情可能出差错的原因。举例来说，你是否付款给资料供货商？数据文件最近有没有备份？

耐心等待与出场勇气，了解其中的差别

从某个角度来说，交易成功只不过是拿捏时机，也就是进场与出场的时机。拿捏时机是一种决策与判断：你如何知道什么时候是正确的时机。

“时机与耐心很类似，当然也存在关联。时机即什么时候应该获利了结，这完全取决于该笔交易的目标。在波斯湾战争期间，我从事IBM的交易，手头上有一大堆IBM的溢价call。由于战争引发的种种不确定因素，价格波动率很高，权利金非常贵。在15美元的整波段涨势中，我建立许多价差仓位，而不只是赚取0.5个百分点的利润。如果IBM开盘就上涨15美元，我当然可以立即赚取数百万美元的利润。可是，为了赚取数百万美元的利润，我必须先愿意赚取5万美元，因为我每隔0.5个百分点就分批向上卖。

“某些情况下，行情会慢慢攀升或逐步盘跌，你必须耐心等待。希望在底部或头部一次搞定的人，总是会拿到烫手山芋，或两手黏糊糊的。我弟弟彼得也在公司进行交易，他的自律精神很强，也非常擅长拿捏时机。他尝试判读场内其他玩家的心思与交易计划。如果他们持有空头仓位而陷入恐慌中，他就不会立即结束自己的多头仓位，因为价格还会被推高。反之，如果他自己也持有空头仓位，那就非常没有耐心了，立即扣动扳机，因为他知道场内的其他空

> 希望在底部或头部一次搞定的人，总是会拿到烫手山芋，或两手黏糊糊的。

头也需要回补。有时候应该有耐心，有时候不能有耐心，你必须了解两者的差别所在。”

前述结论的最大问题显然是：你怎么知道其中的差别？琼•纳迦里恩认为，知道其中差别的关键在于按照计划交易。

“一部分是仰赖经验，一部分是按照计划行事。你知道吗？很多专业交易员花费大量的时间拟订交易计划，但从来不遵循，这实在太愚蠢了。我们都不具备挥洒自如的智能，所以必须按计划行事。我们必须尽可能让优势站在自己这边，所以必须坚持自己的计划。当然，计划是可能调整。盈余报告公布或市场传出购并的谣言，如果我认为行情可能因此变化，就会根据新的变量重新调整目标价位，然后坚持新的交易计划。”

所以，在交易过程中，如果发生新的情况，还是可以调整交易计划。总之，为了确保进场与出场的时机正确，你必须预先筹划，把它们纳入交易计划中，然后严格遵守。

交易战术：

- ☞ **如果你对交易觉得不自在，交易就不太可能成为你的终身事业。**
- ☞ **交易不可能始终有趣。有时候，你必须具备毅力渡过难关。**
- ☞ **“导师”往往不应该是最炙手可热的交易员。**
- ☞ **在通讯刊物、杂志与网际网络上，寻找那些风险管理／交易风格与你类似的交易者。**
- ☞ **你必须对自己的仓位负起全部的责任。一旦体会这一点，就能够开始排除亏损的原因。**
- ☞ **你不能像小鸟一样吃东西，却如同大象一样拉……**
- ☞ **亏损：保持在“舒适界限”内。**

- ☞ 亏损会造成其他仓位的更多亏损。
- ☞ 认赔可以提供情绪力量。
- ☞ 自律精神：每笔交易都设定目标。
- ☞ 建立一笔交易的扳机是什么？
- ☞ 优秀交易员都嫌恶风险，预先防范错误的可能后果。
- ☞ 你让自己变得更幸运或更倒霉？
- ☞ 你是否基于某些理由而对于交易成功觉得不自在？
- ☞ 坚持自己的交易计划，才能够提升时机拿捏的正确性。

❖ 5 ❖

大卫·凯特 David Kyte

"我到这里

不是为了谋生，

而是为了赚钱。"

讨论主题：

☞乐在其中是交易成功的基本前提

☞学习如何扯起幸运的顺风帆

☞杰出交易员的特质

☞如何处理亏损

☞如何处理获利

在筹划本书的过程中，我曾经征询许多交易员的意见，“在伦敦地区，我应该访问哪一位最棒、最成功的交易员呢？”有一个人的名字经常被大家提起，他就是大卫•凯特。

大卫•凯特年仅24岁的时候就成立了自己的交易公司，当时的资金只有25000英镑，36岁的时候他成为了凯特集团公司与凯特经纪公司的总裁，经营毛利成长为数百万英镑。十几年前，前来参观伦敦证券交易所的学童们，绝对没有想到他们的同学竟然能够走上这条路。

大卫•凯特讲话很文雅，在这种高度竞争的行业里，这显然不是常见的特质。日常工作中，他经常大声吼叫几个小时，承担数百万美元的风险。可是，他说话的态度节制而谨慎，语调低沉。给人的印象非常冷静稳重，这也正是这个领域内杰出高手通常具备的素质。凯特的体型中等，身材稍微高于一般人。头发剪得很短，有点像法国外籍兵团的发型。在一般人的想象中，白手起家的年轻富豪应该很容易由外表来判断，但大卫•凯特显然不是如此。事实上，这些人最不讲究外表，因为他们不需要靠外表证明什么。

凯特集团的办公室位于伦敦国际金融期货交易所附近，这是一栋20 世纪80年代以前的小型办公大楼，办公室的布置相当平实。走出二楼的电梯之后，凯特集团的显著标志指向公司的接待区域，空间相当小，有点像牙科诊所。柜子摆着一些男性服饰的“女性化杂志”，以及一些足球与妇女杂志，几乎看不到什么金融刊物。

狭长走廊的两侧有几扇门，凯特的办公室就在其中一扇门之后。门上玻璃窗挂着百叶帘，提供一些隐蔽。如果办公室可以反映主人的事业成就，我得到的讯息刚好相反。这不是电影《华尔街》中的那种办公室。房间很小，摆设简单而实用，似乎完全没有装饰，也不准备让人印象深刻。

一张不起眼而杂乱的桌子，摆着两台计算机显示器与两部电话，桌前的塑料架上摆着一台碎纸机。除此之外，就是几张照片，包括凯特与英国女王的合照，旁边还有一张凯特与巴比·查尔顿的合照。虽然都装框，但我有一种感觉，这些照片似乎是经过深思熟虑才挂上墙的，或许尝试在骄傲与冷漠之间寻找某种折中。这些最简单而务实的装饰，反映了凯特的一些个性。

人物背景

“我对于市场的兴趣可以追溯到多年以前，中学经济学课程安排一段课外教学。我当时大约16岁。我们参观伦敦证券交易所；那个时候，伦敦还没有期货交易所。市场似乎提供一些看起来很容易赚钱的机会，这引起我的兴趣：事实上，一切都是由此开始。

> 市场似乎提供一些看起来很容易赚钱的机会。

“最初，我并没有做什么，但这次参观在我的脑海里留下了深刻的印象。中学毕业之后，我到一家会计师事务所；一年之后，我发现自己不适合这个工作。于是我开始到处寻找新机会，当时的机会远比现在多。1979年，我找到一家股票经纪商，担任一般的办事员。这是一份中学毕业生能够找到的典型工作，公司叫作史密斯兄弟，后来改为史密斯新街，现在并入美林。我是相当有冲劲的年轻人；‘我希望调到证券交易所的场内’，‘对不起，我们现在很忙，目前没有空缺’，‘我真的想到那里，办事员的工作让我烦死了，实在不适合我’。这样经过三个月之后，我在一家股票经纪商找到工作，这家公司叫作基尔伯·艾略特。他们给我一个机会，1980年1月，我成为‘蓝扣’，也就是证券交易所内的经纪助理。我一直从事这项工作，后来成为证交所的经纪人，最后又成为场内交易员。

“就像大多数人一样，主要的动机是薪水。我们常常听说这些人如何成功，怎么赚钱。听说股票经纪人的住宅何等豪华，如何由股票交易中赚钱，这是吸引我的动机。不久，当我自己也成为股票交易所的经纪人之后，我想这是很好的机会；我随时查询价格，撮合客户的交易，但我想自己找些单子，建立自己的经纪业务(代表客户进行买卖，赚取佣金)，这才能创造收入。我希望掌握自己的命运。我不希望只是帮别人查询价格而已。所以，我进入办公室，开始与客户讨论，希望找一些单子。”

在伦敦国际金融期货交易所出道

“如此经过两年半之后，我听到有关LIFFE的消息。我尝试说服公司的合伙人买进一个席位。不幸的是，他们说：‘那些身穿花花绿绿夹克的人绝对不会成功的，那套玩意儿不可能在伦敦搞得成。’所以，他们显然不打算讨论这个话题。可是，我对这方面的兴趣很浓，有一天看到《金融时报》刊登的一则广告：‘LIFFE希望寻找交易人才’。这听起来相当有趣。我安排一些面谈。没有人对LIFFE 有经验，因为它根本还没有成立。对于期货交易有经验的人都是一些商品交易员，例如，可可、糖、咖啡与石油。这些家伙的眼睛都长在头顶上，股票经纪人对他们而言只不过是小儿科。我勉强找到一份不错的工作，薪水较股票经纪人高出50%。我相当满意。1982 年9月，我进入场内，最初留在糖的交易场所，借以获取一些经验，然后成为蓝扣。

“1982年9月30日，我们都聚集在一个交易所，这也是当时唯一的交易所——欧洲美元。如果你一天能够赚进200美元，就是超级巨星，如果你一天赔100美元，相当于天大的灾难。这就是LIFFE刚成立的情况——机构有两个F，我有一个F(两个F一个是指LIFFE，另一个是指LIFE生活——译者注)。我帮客户撮合单子，想办法找生意。不久，交易所又引进短期英镑合约，这是银行间市场的三个月期利率合约。这段时间内，我累积了一些名气，主要是从事利率的价差交易，交易内容大体上是同时买进与做空不同月份的合约。我建立一些经纪声誉，由执行上的观点来说，客户知道他们的撮合价格都不错。这引起我的兴趣，也引起别人对我的兴趣。他们看见我的表现，我也开始取得一些大机构的单子。当然，相对于现在来说，那没有什么了不起。

“经过三个月之后，某家我帮他们撮合交易的公司找上我，邀我入伙，薪水加倍，我答应了。这段时间，除了交易自己与客户的账户外，我们也开始提供做市的服务。这更提高我们的声誉，因为我们就代表市场，我们提供市场流动性，也赚取经纪费用。如果我们的买/卖报价是1-3，别人提供的报价是1-4，我们可能说：‘好吧，我们的卖价降为2’，报价是1-2，这对于双方都有好处。整个情况发展得不错，客户也满意他们取得的盈利。如此经过几年，我帮公司赚了不少经纪佣金，交易账户的情况也不错，我抽了不少红利。我想如果我真的擅长此道的话，就应该自己来。于是，1985

年，我成为独立的场内交易员。

“我买不起交易席位，因为这几年累积的资金并不多。席位的价格是3万英镑，我手头上只有25000英镑，而且我需要这笔资金当做交易资本。可是，我与先前的公司Sucden达成一项协议，我以较低的费率帮他们从事经纪工作，低价换取他们的一个席位。这个安排可以说皆大欢喜：他们可以通过好价钱帮客户执行交易，也把我当作一项产品，我则同时进行两方面的工作。

“1985年，我顺理成章地成立了凯特集团，没有什么特殊的计划，对于将来也没有特别打算。现在，我们有100多位交易员。成绩相当不错，每隔一段时间，招募一位交易员，他做得不错，于是我们又招募一位交易员，他的绩效也不错，如此逐步发展。

“最初，我从事做市的业务，也就是不断提供双向的报价。进行价差交易的时候，你同时买进与做空，想办法这里赚一点，那里赚一点。假定行情的买价和卖价之间存在价差，我们尝试提供更好的报价，多赚个500美元或1000美元，通过做市活动协助客户出场，另外自己也赚一点。如果每笔交易赚500美元，20笔交易就是1万美元。

“现在的债券价差交易，三个月到期一次的合约，交易可能集中在一个星期之内，其他的时间就必须另外想办法——这是属于长期利率的部分。对于短期利率，你可以每天进行价差交易。由于利率很长一段时间都没有大幅走高，价格的大幅波动经常发生在较长期利率上。

“除了价差交易外，我们只做仓位交易。当我最初从事价差交易的时间里，美国利率高达14%，所以行情波动非常剧烈。现在，市场已经不再有这种程度的波动。我想情况可能会改变，若是如此，我会回到短期利率的市场。可是，就目前而言，长期期率交易的获利还是高于损失。

“在特殊的交易日里，做市活动必须提供双向的报价，不断买进与卖出，同时也通过做市活动累积仓位。我们始终提供人们进场与出场的机会，但实际上也希望建立某种仓位。提供市场流动性，我们可以创造获利。我的获利当中，有50%～60%都来自‘6买进/8卖出’或‘8买进／9卖出’，这也让我有机会建立真正想要的仓位。另外，如果判断错误，损失也不会太严重，因为整个过程中已经累积了不错的利润。所以，即使看好行情，我也可能站在卖方，一是长期的布局，一是短期的情况。”

如果一位做市商也希望建立仓位，往往相当困难。如果某位做市者希望做多德国长期公债，因为他认为价格将上扬，但只要有人希望买进德国长期公债，他也必须卖出。因为只要有人询价，做市者就必须提供买进与卖出的双向报价，而且无法事先知道询价者究竟想买进还是卖出。询价者可能不接受某位做市者的报价，另外寻找更好的价格，但只要询价者决定交易，做市者有义务根据报价进行交易。

你很棒，因为你热爱交易
你热爱交易，因为你很棒

不论在普遍的行业或特定的交易领域内，大卫·凯特都展现出成功所需要的特质，投入、毅力与自律精神都属于第二天性。具备这些特质的必要条件是热爱工作。凯特的所作所为都充满活力与热忱。他相信自己可以达成目标。在这种情况下，很难不具备热忱。事实上，凯特不认为自己是在“工作”。

大卫•凯特的热忱涉及两个层面：工作内容与就业状态。很多人不喜欢他们所做的工作，因为他们不是自己当老板，不是勤奋工作的直接受益者；另一些人不喜欢工作，则是因为就业状态而不是工作内容。对于凯特而言他两者兼得，但不是因为他很幸运，而是经过审慎安排。乔治•萧伯纳曾经过说：“必须谨慎取得你喜欢取得的，否则将被迫喜欢你所取得的。”克里斯多夫•莫里也有类似的说法：“只有一种成功——按照自己的方法度过人生。”

“我可以在LIFFE的任何交易所工作。现在，我专门交易长期利率，包括：十年期债券、英国公债与德国公债。这是目前最有趣的市场，最可能发生大行情。我到这里不是为了谋取生计，而是为了赚钱，享受工作。

> 交易资际上很单纯，结果不是赚钱，就是不赚钱。

“那种单独承受一切的感觉，让我觉得兴奋——你是自己的老板，掌握自己的命运。交易实际上很单纯，结果不是赚钱，就是不赚钱。我不需要仰赖别人。当你帮其他人工作时，如果赚钱，别人给你红利，如果赔钱，你领薪水。自己当老板，我就是绩效的衡量标准，我就代表自己的价值，不多也不少。

“如果我明天想休息打高尔夫球，我就能够办到，这就是交易生涯的妙处。而且，没有人知道明天将发生什么。其他的人呢？不论专业或一般受薪阶级，几乎每天都是例行公事。每天都处理一些类似的琐碎杂事，你走进办公室，愉悦就从窗口离开。”

大卫·凯特认为自己与其他交易员都是异类，他们不希望在大楼的第50层工作，几乎知道退休的时候可以领多少薪水……

“就像任何专业领域内的名流一样，律师每年的收入可能是七位数，杰出交易员的收入也很高。虽然我怀疑律师行业是否像交易一样有趣。没错，其中涉及压力，但也没有压力。压力是由紧张造成的，紧张消失之后，压力就不存在。你可以建立庞大的仓位而制造压力，然后你开始担心香港或东京当天晚上将发生什么。举例来说，如果其他交易员持有我目前的仓位，他们恐怕彻夜难眠，觉得非常不自在，但我一点问题也没有。如果一个仓位让我觉得不自在，我就会再三琢磨。如果我觉得很轻松，就不在乎任何可能的发展。我知道自己的想法，至于判断是否正确，那我就不知道了，唯有时间才能决定。这一切完全都在我能够处理的范围内。今天晚上，我准备与一位肉类进口商出去，他不知道我做空英国股价指数而做多英国公债。他也根本不想知道。”

如果一个仓位让我觉得不自在，我就会再三琢磨。

虽然充满热忱，但大卫·凯特也能够“切断”，他认为这种“及时停手”的能力很重要。那些热爱工作的人经常会过度沉迷，最后耗尽心力。让自己的心智与身体得到合理的休息，才能避开危险的状况。可是，必须谨慎，交易员也可能不喜欢自己的工作内容或就业状态，他们可能说服自己暂时停止，但实际上是为了避开自己嫌恶的东西。

“每天的过程中，一位优秀交易员必须能够‘及时停手’。如果你勉强留在场内交易，其他人可能乘虚而入。他们并不是故意如此，纯粹是潜意识的行为。由于交易不顺利，你自然就认为其他交易员都与你作对。另外，为了让心智获得休息，你也需要暂时停止。我想，这样才能够成为更好的交易员。即使是贝比•罗斯或狄马乔也不会永远想着棒球或板球。”

充分发挥运气，掌握获利机会

杰出交易员会充分发挥自己的运气。如果建立一笔理想的交易，他们不会轻易放弃。这可能意味着你在强劲的行情中买进。他们会让获利继续发展，非常自信地加足马力。

“我记得一个重要的日子，1987年‘黑色星期一’的大崩盘。这是一个非常美妙的早上。我原本打算回家，不想继续留在那里闲逛。然后，我的一位经纪人犯了错误，与清算所之间产生争执，金额高达78万美元。就是因为我在那里闲逛，才看到整个过程。现在，10点之前的美妙日子转变为最倒霉的一天，因为我必须对整个事件负责。所以，‘美妙时光’在几个小时之后演变为‘老天！不要！’。最后总算摆平了，非常幸运的是，我还能够在这里说这段故事。这段经验让我对经纪行业产生了截然不同的看法，使我对经纪业务不再热衷。

“早上10点之前，我的交易非常顺利，每笔交易都进行得顺风顺水。在当时的恶劣状况下，我是少数能够进场交易的人。这并不是因为我有能够预知情况未来发展走势的特殊本领，只是我刚好在这个疯狂的行情中判断正确。类似的情况也发生在1994年，市场出现重大的行情，但当时的市场已经相当成熟，所以我有机会进场建立庞大的仓位，而且顺利出场，那几天的收获极佳。

“在这些大行情中，某些交易员的运气不佳。我想，在某种程度上，问题是‘你必须创造自己的运气’。如果你在行情的底部附近进场，经常很容易就结束仓位。如果德国公债下跌到47的低点，我在50买进，大多数的人可能在52出场，抱着抢短线的心理。请注意，你能够在50买进，这完全是运气。所以，你必须充分发挥自己的运气，价格可能从50上涨到60或70，最后可能在80出场。这就是所谓的发挥运气，也是杰出交易员与一般交易员的差别。如果你很幸运建立一个好仓位，就必须让它充分发挥，榨取可能的每一分钱。当然，你不能坐着等运气，还必须培养感觉，知道随后的可能发展。”

我想，在某种程度上，问题是“你必须创造自己的运气”。

交易员彼此报价不采用大数。举例来说，如果美元兑德国马克的汇率是1.7417～1.7420，大数是1.74，点数是17～20。德国马克1.7405的报价是05，德国马克1.7400是大数。

“你不会站在一列加足马力的火车前面。当然，如果一笔交易已经动能不足，挡在它前面倒没有什么问题，但如果它加足马力前进，你应该跳上去，搭一段顺风车。可是，火车不会永远加速，最后会遇到上坡，速度会慢下来，这个时候必须知道下车的时机，因为当火车翻过山顶，它会以同样的速度向下冲。这时候，你必须当个反向思考者(持有的看法与一般大众相反)。你必须知道什么时候采取什么行动。事实上，我不能完全拿准时机，但正确的时候必须多于错误的时候。这也正是我能够生存到现在的原因。

你不会站在一列加足马力的火车前面。

“如果你在10买进，然后价格上涨到20，你或许会出场，或许会说，‘这段行情涨得很快，我先卖掉一半，另一半的目标设定在30’。有时候，你可能说，‘我在20出场，如果行情涨到30，让别人赚’。这一切都完全取决于你的感觉。

“帽客只看得见蝇头小利。当然，这并不代表他们是差劲的交易员，这是他们的交易风格。有些人只能够从这一步看到下一步，有些人能够从这个水准看到下一个水准。我想，这是一种你拥有或不具有的能力，只可意会不可言传。总之，这种能力存在于你的系统内，或者不存在。”

当大卫·凯特持有一笔理想的交易持仓(换言之，在显著的行情中提供充分的获利潜能)，他不会一次进场或出场。他会根据自己对于进一步获利潜能的看法，分批处理。就是通过这种方法，充分发挥自己的运气，掌握获利的机会。

假定某位交易者在15买进，盈利目标设定在20，如果隔天价格就上涨到20，他可能在20加码，目标调整到30。交易员需要具备速度与弹性，以及果断力。交易员不能因循苟且或顽固倔强。

当然，这意味着大卫·凯特在单笔交易中愿意投入庞大的交易资本，他不遵守分散投资的原则，也不设定单笔交易的最大资金百分率(通常每笔交易投入的资金不应该超过总资本的5%～10%)。对于凯特来说，交易没有法则；如果某笔交易正确，那就是正确，杰出交易员总会断然抓住机会。

杰出交易员的特质

结果

在大卫·凯特的眼里，杰出交易员的主要特质可以浓缩为两个字：获利。

“获利越大，交易员越优秀，就是这么简单。没有所谓不能赚大钱的伟大交易员。以板球来说，优秀的选手都属于世界级选手。县市级的选手可能不错，但称不上伟大。伟大的选手必须像贝比·罗斯与狄马乔。他们才是顶级的选手。除了获利程度外，从其他角度衡量交易层次都没有意义。获利才是这场游戏的精髓所在。”

获利越大，交易员越优秀，就是这么简单。

谁能够赚最多的钱，谁就是赢家。交易手势再漂亮，夹克颜色再鲜艳，这都没有意义，唯一的关键只有——钱。

“贝比·罗斯是否更擅长投球？狄马乔是否更擅长打击？许多人拥有不凡的身手，就是不能在重要场合表现出来。疯狂大行情就是重要场合——你的重要场合。这就是你应该有所表现的时候，绩效是以赚钱多寡来衡量。市场上有许多伟大的技术分析师，但他们不是伟大的交易员。你告诉他们，这里有机会，立即进场交易，但他们就是办不到。他们知道应该瞄准哪里，但就是没有办法扣动扳机。”

根据大卫·凯持的定义，成就与伟大，只能由赚钱多寡来衡量。赚钱毕竟是交易的唯一目的。很多人把成功定义为判断行情的准确程度。对我来说，这个定义大有问题，完全忽略了获利的重要性。每100 笔交易中，即使正确99次，如果最后的结果仍然发生亏损，这又有什么意义呢？如果你不能赚钱，就必须停止交易，就算有再高明的技术分析技巧又如何呢？

反应灵敏

“反应灵敏代表一切。必须保持弹性，随时愿意翻空做多或翻多抛空。反应灵敏，保持弹性，而且能够坚持正确的决策。如果判断正确，就必须穷追猛攻。如果在50买进，一般交易员可能在55 卖出，优秀的交易员愿意在60或70继续加码，数量或许稍少，但他们会充分把握机会，或许卖在90。只要搭上顺风船，就要扯足顺风帆。”

大卫•凯特展现的另一项成功特质是冲劲。他强调果断与明快的重要性。交易员必须果断，反应灵敏，而且还必须保持开放的心态，随时愿意重新评估仓位。就如同领袖需要勇气一样，交易员也需要勇气持有庞大的仓位。

凯特集团如何挑选交易员

大卫•凯特了解，自律精神与专注投入可以弥补才华不足。

“我们聘用交易员的时候，十分重视自律精神与生理条件。如果交易员非常投入，成功的机会就很大；即使不能成功，他们至少已经尽了力。我们的板球队不需要那种姗姗来迟、懒得听教练指示、打球不专心

> 我们对于那些疯狂分子没兴趣，我们对于那些捉摸不定的冲动选手没兴趣。

的选手，他们不知道自己为什么不能得分。这类选手如果具备才华，更容易产生挫折感。可是，你可能是那种技巧不特别杰出的选手，但总是准时到场，注意教练的指示，全神贯注，知道自己在干什么。你击出的球可能都落在30或40码，那些心不在焉的人，或许可以击出100多码，但结果还是不理想。我们宁愿你稳中求胜。在这种情况下，你的睡眠不会有问题。当然，对于你来说，交易或许不像许多故事所描述的那么有趣，大家可能认为你很沉闷，那又如何呢？我们对于那些疯狂分子没兴趣，我们对于那些捉摸不定的冲动选手没兴趣。我们要的是稳健的交易员。”

与生俱来或后天学习

大卫·凯特认为，杰出交易员是天生的，很多特质都不能学习。虽说如此，但一般交易员也不是全然没有指望。他同意经验可以提升交易技巧，投入与热忱也有很大的裨益。即使不具备特殊的才华，我想凯特的意思也不是叫你立即卷铺盖走人，从事别的行业。

我相信交易的自律精神是可以培养的。具备自律精神与一套交易法则，就能产生自信，最后必然可以成功。

“我想，天赋是一种你具备或不具备的素质。你永远是你。我会考虑一些技术性的问题，但不会花太多的时间；我希望知道别人的想法，但接下来就看自己的。我会观察他们，但不会追随他们。如果他们的看法符合我的意思，我就接受，否则就不接受。关于经济状况的未来演变，我可能会有某些看法，但这些看法十之八九都不对！我想，杰出交易员不会在意报纸上的新闻，因为报纸上刊登的都是昨天的新闻。你在这里，目的就是创造明天的新闻，那为什么要在意昨天的新闻呢？报纸刊载的消息能够告诉你什么别人不知道的东西呢？如果报纸对于交易有任何帮助的话，我建议你看《太阳报》(英国的一份八卦报纸)，看看晚上电视剧的内容，如果很精彩，代表明天的行情将上涨。

> 我想，杰出交易员不会在意报纸上的新闻。

“其中也涉及股票走势。有些人是艾略特波浪专家，有些人相信甘氏(Gann)理论、相对强度或市场轮廓，这似乎取决于当月的流行趋势。可是，每个交易日结束，你就必须面对高点与低点，你必须判断行情是否穿越这些价位。究竟应该顺着行情还是逆向操作，一切都必须由你决定。面对当时的行情，必须由你拟定正确的决策。”

大卫•凯特告诉我们，他的看法完全来自观察，不会被动采纳别人的解释，自行思考行情的随后发展：这个新高点的买盘是否减弱？是否出现相反的力量？价格波动是否剧烈？多头是否后劲不足？空头是否准备反攻？价格走势可以提供许多信息，包括对于消息面的反应、到达的价位、停留的时间等。

可是，你怎么知道何时应该继续持有获利仓位？你怎么知道行情何时反转？你如何判断进场与出场的时机？如同大多数天才交易员一样，大卫•凯特说他完全靠感觉，这种感觉来自众多因素的综合评估。凯特不专注于某种特定因素，其中涉及几个理由。第一，他本身就能够影响行情，决定是否让价格突破；换言之，他本身就是市场指针没有考虑的行情影响因素之一。第二，凯特每天都必须进行大量的交易，所处的环境不允许他坐在计算机前面分析快速变动的行情。另外，没有人能够否认一点：行情受到许多因素的影响，包括技术面与基本面。所以，评估未来价格走势，首先应该观察各种影响因素的可能征兆，不应该专注于少数几种因子。

“市场上有许多优秀的交易员，但你就是你，你没有办法真正改变自己。当然，经验也是不可或缺的东西。你曾经有过某种经验，如果类似的情况再发生，就可以立即把握机会。可是，这种类似的情况可能发生在好几年之后。总之，你必须具备某些先天的能力。有些交易员的表现确实不错，能够稳定赚钱，但他们绝对没有办法成为杰出的玩家，因为他们欠缺必要的能力。每个人都会反应，你如何反应才是关键所在。他们没有勇气押下全部或大部分的赌注。他们对于蝇头小利就很满足了。当然，也有人敢于奋力一搏，某些人也有勇气押下所有的赌注，但他们并不是优秀交易员，结果他们的赌注立刻被一扫而光。”

我希望知道大卫·凯特交易能力的更深层的心理根源。究竟是孩童时期的某些经验，还是父母的影响？结果相当令人失望，我没有找到答案。我从数个不同的角度提出问题，但这些尝试显然没有成功。对于类似的问题，凯特总是重复相同的回答。他总是盯着你看，含蓄的沉默迫使采访人改变话题。这或许是因为他的个性使然，不希望让交易能力借由某种没有根据的理想化孩童经验，套到浪漫的无聊心理架构内。我采访大卫·凯特的整个过程可以归纳为性感手枪与耐克广告词的结合：不要理会那些乌七八糟——尽管做。

如何处理失败，请教赢家

如何处理亏损或失败，这方面的专家显然不会是人生的输家，而是人生的赢家。赢家处理失败的经验更丰富，因为他们总是能够站起来，不断克服失败。输家只输过一次，这也是他们成为输家的理由——因为他们从来没有再站起来。

“我是亏损专家，亏损的次数很少有人比得上。对于我来说，赚钱带来的快乐程度，远不如亏损所造成的沮丧感受。我自认为应该赚钱，一旦因为缺乏自律精神而发生亏损，你会对自己感到非常生气。”

身为领导人，大卫·凯特表现出了成功的自信心。如同爱默生(1803—1882)说的，“自信是成功的第一秘诀”。凯特承认，损失让他气愤自己，因为他认为应该赚钱。他的成功与他对自己能够成功的信心之间，可能产生良性的互动吧。

“当然，你一定会发生损失，我知道自己经得起损失，也应该发生损失，但损失的数量才是问题的重点。遭逢麻烦的时候，如果损失超过合理的程度，这是因为缺乏自律精神，因为你没有坚持应有的行为，这才是重点。许多交易员没有专注于本身设定的目标，不能够排除期待、恐惧与贪婪之类的情绪。”

“你完全清楚自己准备承担的风险程度，如果实际的损失超过你准备接受的程度，这就让人非常懊恼了。举例来说，假定我在这笔交易中准备承担1000英镑的风险。结果，我损失3000英镑，那就错了。我只准备损失1000英镑，但我失控了，让情绪取代客观的判断，我知道自己产生期盼的心理，这才是我懊恼的原因。我明明知道不该这么做，应该坚持自律精神。”

所以，对于大卫·凯特来说，损失是因为缺乏自律精神，听任情绪干扰而没有专注于目标。解决任何问题的第一步骤是承认问题存在。许多非专业交易者拒绝承认问题存在。凯特能够坦然谈论亏损发生的原因，没有任何托词和借口，这正是他展现的专业能力。自我分析与自我对话是凯特用来改正错误的技巧之一。

“任何时候都有发生松懈的可能，但你必须及时修正。我们经营一所交易员训练学校，他们到这里接受我们的指导，我们提供建议。可是，我能够向谁讨教呢？我只能够跟自己对话：‘你究竟在干什么？回到根本的原则，按部就班慢慢来。’这属于一场心智战争。你只需要说‘去他的’，把亏损抛于脑后，开始另一天。就是如此，这是你所必须接受的。可是，你必须确定好日子多于坏日子。我想，如何处理亏损的问题，重要性远甚于如何处理获利。获利会照顾自己。你可以让获利永远累积下去，可是，你不能让亏损持续累积。你读过的每本交易手册上都这么说。问题是你不能妥善管理亏损，所以你被甩出局。总之一句话，亏损时迅速认赔，而让获利持续发展。我从这句话中受益良多，也尝试把这句话灌入我们交易员的脑海中。”

你只需要说“去他的”，把亏损抛于脑后，开始另一天。

发生亏损的时候，大卫·凯特的积极心态让他能够把亏损抛于脑后。不是自怜地舔着伤口，而是理性地回到交易根本原则。正因为这种交易方法，凯特的成功不需要太高的胜率，他因为具备自律精神，并且能够断然认赔，敢于让获利持续发展，所以可以经得起偏低的胜率。

交易计划与风险管理也是一些防范损失的技巧。将庞大的资本投入某个仓位，交易员需要勇气。如果犯错，必须立即扭转。如果仓位处于获利状况下，交易员必须站稳。如何面对持续发展的获利，处理的难度远超过持续累积的损失仓位。当损失持续扩大时，有多少交易员会因此而不知所措——因为恐惧、贪婪、期待与自尊而瘫痪？当获利持续发展时，又有多少交易员会捡起银牌，转头就跑？自信与勇气来自遵守交易策略的自律精神，例如，预先设定的止损。

“我们尝试灌输给交易员一种有用的心态，设定交易的目标，盘算你每天或每个月准备承受的最大损失；面对损失，必须果断处理，绝不可抱着期待的心理。很多人把差劲的一天演变为灾难的一天，完全是因为缺乏自律精神，很多人因此被甩出局，如果遇到差劲的一天，就接受现实，但我明天还会再回来。如果你具备自律精神，就经得起许多失落的日子。不要告诉自己每天准备赚多少。如果今天赚了500英镑或1000英镑，不要说够了，我要回家了。如果当天的交易顺利，就应该把获利扩大为2000英镑或4000英镑，坚持在场内。必须把丰硕的一天演变为最棒的一天。”

亏损仓位可能大逆转

一个亏损仓位可能因为行情波动而逆转为获利仓位。应该如何处理这种可能性呢？

“没错，这取决于你介入有多深。举例来说，假定我在10买进50 手合约，必须考虑一个问题：如果明天价格下跌到5，我是否仍然愿意做多？是否向下摊平？每个人的情况都不同。唯一的法则就是没有绝对的法则，完全取决于灵敏反应与弹性。”

> 唯一的法则就是没有绝对的法则。完全取决于灵敏反应与弹性。

大卫·凯特不受迅速认赔法则的拘束，因为他了解这个法则涵盖在一个更高法则之下：如果你判断错误，才应该立即出场。虽然亏损通常都代表判断错误，但未必始终如此。你对于最终价格走势的判断可能正确，只是需要较长的酝酿时间。在这种情况下，如果出现不利的价格走势，或许应该在更低的价格继续买进。重点是你必须知道其中的差异：有时候暂时的不利走势到最后必定回升，有时候价格的持续下跌说明你的判断出了错误。对于凯特而言，答案来自他对于行情未来发展状况的直觉。

可是，凯特所谓的“感觉”实际上是一套交易系统，系统中的直觉成分高于机械成分。重点是：你必须拥有一套自己觉得自在的系统，而且必须具备执行这套系统的自律精神。没有任何一套系统是绝对正确的系统。

学习如何处理获利

这可能是不太寻常的议题，因为我们都认为自己知道如何处理获利，但大卫·凯特非常明白地指出——如何处理获利的重要性更甚于如何处理亏损。在交易过程中，很多人都把资金流入视为薪水，几乎代表他们应该得到的东西。

“你必须把获利当作亏损的准备金，这是我觉得非常重要的态度。很多人，当他们赚钱的时候，开着拉风的跑车兜风：

‘看看我，车子价值45000英镑，房子价值20万英镑。’

‘贷款呢？’

‘219万英镑。’

‘可是，你到底想说什么？’

‘我很会赚钱。’

‘万一发生亏损呢？车子与房子不是都飞了吗？’

“这就是很多人的问题；赚钱的时候，他们很棒（哦，顺便补充一点，税捐处也要分一杯羹）。可是，他们从来不会未雨绸缪。他们认为明年赚的钱可以支付贷款，但明年可能没有收入。我始终保持一种心态：没错，钱是在那里，但只要我还留在这里，这些钱就不是我的。我只是暂时帮市场保管这笔钱而已。

“一般来说，我认为应该保留相当程度的流动资金。当然，资金没有必要存入交易账户，但你必须随时能够动用这些资金。很多人有钱就花，一旦交易不顺利的时候，问题就来了。”

关于获利，大卫•凯特还是沿用一个法则：获利会自行照顾自己；获利不同于现金。很多人经常搞不清楚，认为他们有权利继续取得获利。必须谨记花钱必须谨慎。市场是一位忌妒而善变的泼妇——当她放款的时候，随时可能要你清偿，而且利息很高。

交易战术：

☞ **交易不是做苦工。你必须乐在其中。如果办不到这一点，找出其中的理由。**

☞ **记住“暂时停顿”，重新充电。**

☞ **如果建立一笔理想的交易，必须扯足顺风帆，尽可能榨取获利。**

☞ 评估进一步获利的概率，分批进场与出场，这是保障既有获利而持续追求获利的好方法。

☞ 必须保持“由多翻空”或“由空翻多”的弹性。

☞ 自律精神与专注投入，可以弥补先天的才华不足。

☞ 观察行情，培养后续发展的“感觉”。

☞ 对照过去发生的一切，累积经验。

☞ 信赖自己成功的能力。

☞ 面对亏损仓位，坚持自律精神。

☞ 预先规划损失的最大限度。

☞ 相对于获利，损失需要更多的照顾。

☞ 把损失抛于脑后，继续前进。专注于未来而不是过去。

☞ 留意获利能力的变化。

❖ 6 ❖

菲尔·弗林
Phil Flynn

“我或许见过客户
犯下的每个可能错误；
什么因素让他们亏损，
什么因素让他们成功。”

讨论主题：

☞拟订交易计划

☞报复性交易

☞保持弹性的交易心态

☞风险管理

菲尔·弗林是阿拉隆交易公司的副总裁。他“交易任何会动的东西”。自1979年以来，他就一直留在交易领域内，有一段时间曾经管理林德-华多克的顶级客户。关于如何提升交易技巧的问题，我认为菲尔应该非常适合提供这方面的评论，我的判断没错。

阿拉隆属于家族企业，由葛林柏格三兄弟负责经营：史蒂芬、麦克与卡里。他们的父亲是传奇人物乔·葛林柏格（我曾经访问过他，内容准备刊载于本书的续集中）。引用该公司小册子的一段文字：“葛林柏格的目标是让阿拉隆交易公司成为期货与期权领域内的最佳综合经纪商，提供全套的服务。”

我在阿拉隆的办公室里访问菲尔·弗林。他的办公室位于相当安静的地段，走路就可以到达芝加哥市中心与主要交易所。我预期办公室里应该很安静，人手不多。事实上，这是一个相当大的场所，大家看起来都很忙，电话响个不停。墙上挂着一些图表、走势图与数据表。留在那里的几小时里，我感觉这家小公司具备其他大型交易或经纪机构欠缺的东西：员工与客户之间的电话对谈，显现出一股融洽的气氛，工作充满趣味。

不佳的计划产生悲惨的绩效

立即改善交易绩效的最简单方法就是交易计划。如同菲尔·弗林解释的，没有计划是一种普遍而根本的错误。

“大多数交易新手都阅读报纸。我经常听客户说，‘黄金不可能再跌了，报纸上说金价已经处于三年的低价区’。他们认为交易很容易赚钱。可是，看看现在的黄金价格（进行这段访问时，黄金创出三年来的新低）。所以，他们根本没有交易计划，只是阅读报纸而产生一种模糊的感觉，然后打算做这个或那个。他们认为，'黄豆很不错，因为《华尔街日报》如此报道，我想买一点黄豆'。我尽可能协助他们拟订计划，我们不要只是买进黄豆，让我们从理性的角度看看。"

请注意，对于大多数人来说，没有充分的交易计划绝不是偶然事件。当亏损发生的时候，缺乏计划可以提供无数的代罪羔羊。如果没有计划，你可以把失败归咎于任何原因。交易之所以发生亏损，完全是因为狗的缘故——即使你没有养狗。没有计划，就不需负担责任：你没有必要对自己交代。这在心理层次上可能有不错的效果，但在财务方面可能很糟。

计划的效益

如同人生一样，交易的忧虑基本上来自未来的不确定性。由于不知道将来的发展，所以我们感到忧虑。每个人都期望确定性。计划虽然不能预测未来，但可以预先拟定各种可能情况的因应对策，这也是计划之所以重要的原因。你不能控制未来的事件，但可以预先拟定对策。你可以控制你唯一能够控制的东西——你自己。

因此，计划可以剔除许多不确定成分，它们也正是忧虑、混淆、愤怒与挫折发生的原因。一套理想的计划应该释放心理能量。没有必要过度执着于不确定性。结果，交易变得更自然，让你觉得放松，甚至觉得很享受。

从策略角度观察，理想的计划也可以提升交易业绩。它可以协助你辨识机会，防止你追逐行情。它告诉你何时应该出场，不会紧抱着沉船的桅杆。你可以取得某种控制力量，不再随波逐流。一套计划可以协助你抗拒舒适的诱惑，因为交易过程中感觉最舒适的行为，往往也是错误的行为。不妨回想一下，你有多少次让亏损持续累积而让获利迅速了结，只因为这是感觉最舒适的行为。最后，当你习惯按照计划行事之后，这将成为你的第二天性。所以，计划也是一种手段，能够让你改善交易行为。一种交易规范，防止你被疯狂的情绪吞噬。

菲尔•弗林强调交易计划的重要性。他的看法全然不同于那些迷途的交易员。他处于控制地位，不觉得忧虑，不会受到负面情绪的影响，例如，恐惧。

> 如果你摸不着头脑地进行交易，结果也会让你摸不着头脑。

“如果你摸不着头脑地进行交易，结果也会让你摸不着头脑。所以，有计划总胜过全然没有计划。你必须保持正确的心态：不管输赢，这都是一笔好交易，因为我即使被止损出场，即使我的判断错误，这仍然是一笔好交易。你永远不从事差劲的交易。唯有当你不遵循交易规范而让自己陷入麻烦中，这才是差劲的交易。

“不管行情上涨或下跌，我都根据趋势线判断风险/报酬的比率，所以，我在趋势线附近买进，即使价格穿越趋势线而把我止损出场，接着又突然回升，我也毫不考虑再度进场。我尝试从长期的角度思考，业绩不会出现在一两天之内。即使可能在低点被止损出场，你也无须害怕。如果真是低点，你还有很多机会再度进场。如果你从较长期的角度考虑，那就简单多了。”

理想计划的成分

一套理想的计划至少需要具备两个特性：首先，它必须清晰显示进场与出场的时机。至于进场/出场讯号是根据基本分析、技术分析还其他信号，则属于个人偏好的问题。“清晰”才是重点所在。如果讯号不够清晰，会变得模棱两可，失掉作为讯号的意义。

其次，交易计划必须经过测试，从而说明它具备稳定的获利能力。交易计划还必须考虑风险与资金管理，相关内容将在本书的其他部分讨论。如同菲尔·弗林所说，理想的交易计划不见得很复杂、很深奥。

“我喜欢顺势操作，这意味着你必须能够判断趋势。最简单的方法是寻找长期趋势线，然后在趋势线附近买进。可是，如果价格贯穿趋势线，你也必须能够卖出或做空。所以，如果我考虑交易计划的进场点，我会判断趋势线，在趋势线附近寻找买进机会。如果价格跌破趋势线，我就出场或做原仓位的反向交易。

> 最简单的方法是寻找长期趋势线，然后在趋势线附近买进。

“谈到预测，我会根据市场过去的表现，采用简单的衡量方法。如果我持有多口合约的仓位，一旦价格触及衡量中的价位，我就结束部分合约，调整剩余仓位的停止点。目前的黄豆市场就是典型的例子，涨势相当凌厉，可是虽然行情一片看好，价格继续走高的可能性还是相当有限。

“当然，行情波动有时候相当剧烈，可能反复产生讯号。这个时候，你必须观察整体的基本面。尝试观察当时的市场情况，评估行情随后的可能发展。这一切都很简单而根本，但也可以让一般交易者从中学习，提供技术策略设计的基础。”

按照计划行事

你必定听过一个耳熟能详的道理：杰出交易员必须具备自律精神。按照拟订的计划行事，这就属于自律精神。换言之，按照计划中的进场讯号进场，按照计划中的出场讯号出场。在两个讯号之间，只是观察而不采取行动。

“杰出交易员必须具备自律精神，按照计划进行交易。对于我个人而言，自律精神就是让交易计划的机械成分更浓一些，如此可以减轻压力。我的判断是否正确，完全由市场告诉我。如果能够剔除情绪的成分，交易会变得简单得多，这是我的仓位，这是目前的价格，这是目标价位，这是止损价位。”

如同菲尔·弗林所说，达成交易所需要的自律精神，方法之一就是剔除情绪的成分。记录书面的交易计划，不要零零散散地摆在脑海里。如此可以让计划更清晰，让你更容易采取必要的行动，毕竟，自律就是在我们不想做的时候去做应该做的事。

成功的陷阱：玩弄它

一旦找到有效的计划，就不要干扰它。交易成功很容易引发贪婪与傲慢——灾难发生之前必然出现的两种情绪。对于某些交易者，他们玩弄计划的动机来自更深层的心理因素。潜意识里，这些交易者对成功感到内疚。“这么多钱，这么容易。”交易者与市场经常找到迂回的方法(例如，改变制胜的交易计划)，把赏金物归原主。务必留意潜意识中“赚钱太容易”的念头。

如同菲尔·弗林所说，某些交易者因为自大的心理而改变成功的计划。

“一旦找到成功的方法之后，某些交易者就尝试改变最初让他们成功的方法，这可能是最大的问题之一。我认识一位交易员，他是当日冲销的帽客。他最初采用50点的止损，接着是100点，然后是200点。我不断告诉他：‘就任何五天的交易来说，只要设定适当的止损，你都可以赚大钱。’他完全不能控制风险，盘旋在脑海里的只有‘我必须正确，我必须正确’。

> 最初的些许成功，可能成为交易者的最大障碍。这可能是灾难的根源。

“最初的些许成功，可能成为交易者的最大障碍，这可能是灾难的根源。他们迷失在自己的成功中，自认为不需要受任何规范。他们变得太伟大而不能继续采用原来的成功方法。我认为他们在拨弄市场，直到被市场一棒子打下来为止。

“我认为这都是夜郎自大的心理在作祟。在交易领域里，最困难的部分就是克服自我。些许的成功就让你认为自己已经完全掌握其中的奥妙，于是，你认为，‘我被止损三次，完全是因为止损设得太苛刻，从现在开始，我要采用更宽的止损或完全不需要止损’。最初，他们像容易受惊的小兔子一样，如履薄冰地进行交易，这让他们成功；然后，他们再也不害怕了。

“如何控制自己的成功，这是最大的难题之一。我们在运动领域里看到无数的案例。人们会改变自己的个性。”

菲尔·弗林对我们提出一个重要的警告。身为交易者，你必须了解成功的力量会让你堕落，把你变成输家。对于那些从市场窃取成功的人，“亏损之母”会无情地追逐你。成功的代价是永远的戒心！

如何控制自己的成功，这是最大的难题之一。

如果你赚了一点钱，然后产生变更计划的欲望，就必须小心了。

“如果目前的交易计划相当不错，对于任何的变更，你最好都必须谨慎思考，再三盘算。我想，多纳入一些机械成分，或许是避免这种情况的最佳办法。如果你打算变更一套有效的方法，最好弄清楚这不是因为自大的缘故。务必确定这是为了改善交易系统，不是为了承担更大的风险。进行任何改变之前，拟定书面的计划，如此才有机会回头采用最初的计划。进行任何变更之前，必须经过测试。如果你对自己说，‘我准备改变交易系统’，立刻停止交易，实际进行交易之前，必须经过满意的测试。”

唯有当你发现交易系统确实产生问题时，才可以考虑解决的办法。

寻找解决办法

“如果你发现系统中总是发生相同的问题，这可是天大的发现。你可以针对问题拟定改善的办法。有一位客户曾经对我说，‘我不再采用止损了，因为每当我买进，总是被止损出场’。‘如果真是如此，’我说，‘让我们把买点设定在止损的位置’。甚至这样的些许改变都可以调整你的交易心理，让你得到一些额外的经验。所以，从不同的角度观察问题，结果你不再追价。”

解决交易的问题就如同解决其他问题一样。往后退一步，由不同的角度观察：

❖ 列举问题的细节。

❖ 尽可能从不同的角度考虑问题的症结所在。

❖ 考虑可能的解决办法。

❖ 评估每种解决办法对于问题的影响，考虑某种办法如何能够解决问题。

“最好的办法是抛弃过去的立场，一切重新来过。我尽可能把每一天视为崭新的一天。尽可能不要太极端，尽量保持平衡。运动领域里有很多类似的比喻：‘一天一天来，一分一分咬’，老实说，这是成功的关键，但很难办到。分析自己的错误原因：‘就是因为如此，我应该这么做’。即使你昨天什么也不是，但明天可能成为英雄。尽量保持平衡。”

运用意志力

解决任何的交易问题，完全取决于你的意志力。必须具备解决问题的决心，你才能撬开心灵最深层的土牢，取得珍贵的答案。你必须相信自己能够找到答案，相信自己的能力，这是解决问题的关键。坐下来解决问题之前，就必须有成功的决心。告诉自己，再过几个钟头或几天，就能够解决问题。然后，放轻松，你知道工作即将完成。

如同菲尔·弗林强调的，意志是交易者拥有的利器。

“以高尔夫球来说，某天你挥出80码，隔天你挥出120码。其中是否涉及意志力？你一天一天来，保持在自己的能力范围内，不要太过于自信。每天清晨，我告诉自己‘今天将是美好的一天’，鼓舞自己的士气。总之，你必须具备这种正面的心态，但你还是必须小心，必须有计划，如果事情的发展不顺利，务必保持正面的心态。”

交易中的报复心理

希望对市场进行报复，这是最常见的错误心理之一。

“最常见的另一种错误是报复性的交易。他们觉得愤怒，不断加仓。这是客户最难克服的一种问题。当交易发生亏损的时候，他们打算向市场讨回公道。

“你进场做空，然后在当天的最高价被止损出场。你的判断没错，当天的高价只是突兀走势。现在，市场跌了200点，于是，你火冒三丈地告诉自己：‘如果止损调高一档，如果没有设定止损……’因此，你产生一种心理：‘我要告诉市场下一个头部在哪里。我要做空，我要把钱讨回来。’所以，你进场做空，仓位规模扩大一倍。结果，你当然又被止损出场。人性就是如此，没有人喜欢赔钱。”

> 建立一笔交易，然后走开。

“你可以劝服自己，一天之内只在某个市场进行一笔交易。这是另一种自律精神，不可基于报复心理进行交易。建立一笔交易，然后走开，我知道某个交易者就是这么做的。完成分析之后，他递单进场，然后回家，隔天由报纸上查阅结果。所以，当天交易结束之前，他不知道自己的输赢。当然，这只代表一种解决办法。所以，暂时离开市场，你也可以是成功的交易者。”

因此，如果你坐在报价屏幕前面会觉得手痒难耐，那就不要整天坐在屏幕前面。菲尔·弗林建议的“关掉”处方很有效。很多交易者认为他们必须整天坐在报价屏幕前面，否则就称不上真正的玩家。对于专业外汇交易员来说，情况或许是如此，但我们一般人没有必要。如果你发现自己的交易问题而解决的办法是离开报价屏幕，那就这么做吧。这不会损及你的交易地位。再怎么说，富有的闲汉总胜过贫穷的交易者。

弹性的心态就是获利的心态

某些交易者一旦面临损失，就会不知所措，期待情况会自动改善，顽固地忽略出场讯号。身为交易者，如果忽略市场告诉你的信息，你的世界将变成黑色，财务状况将变成红色。顽固——不论源自期待还是恐惧：结果都是亏损。不理会信息而按兵不动，这可能是面对亏损的最容易的处理方法。心理学称这种现象为“否认”，交易市场则称之为“自杀”。当然，你高兴怎么期待就可以怎么期待，但期待本身绝不能感动市场，亏损的仓位也不会自动好转。信仰可以移山填海，但期待不能移动行情。你的意志可以控制你，但不能控制市场。

“当你建立一个仓位，自然会产生特定的心理。举例来说，如果你买进黄金而金价开始下跌，你会想‘我不认为金价已经过高’，这是一种‘合理价格’的逻辑谬误。我猜，这种心理的自我成分超过一切。最困难的事情可能是止损出场，反转仓位。

“你说，‘嘿！金价已经够低了，看看这条趋势线，看看这些基本面，南非的金矿不断关闭，这里发生战争，我一定要做多黄金’。可是，当市场不同意你的基本面分析时，你说：‘虽然价格跌破趋势线，我还是认为金价绝对会上涨。我不准备改变方向，我打算忘掉趋势线。’结果，你的仓位通常都会发展为很大很大的亏损。

“当你建立一个自认为必然正确的仓位，然后全然不理会市场告诉你的一切，坚持做多。对于这类的交易者，最糟的结果可能是仓位真的最后反败为胜，因为他往后一定会被狠狠地打一巴掌。”

你必须了解这种陷阱，不要迷恋某一种观点，永远保持错误的可能性。如果发现自己经常有认赔的问题，那么只要开仓建立仓位，就存在一种心态，“除非证明为正确，否则可能错误”，而不是“除非证明为错误，否则可能正确”。换言之，除非证明无辜，否则视为有罪。你是追逐财富的战士，无须对任何仓位保持忠诚。

风险管理

界定潜在风险

虽然这是交易计划的最基本要素，但很少有人界定仓位的潜在风险。反之，他们把注意力完全摆在获利潜能上面。某位著名的交易者曾说过：“留意潜在风险，获利潜能会照顾自己。”当这位交易者破产之后，他才了解这句话的真正意义。菲尔·弗林太熟悉这种心态了。

“交易新手的最大问题之一，是他们不能预先界定风险。他们不知道在哪里承认自己的错误，结果他们持有仓位的时间经常超过自己想要的程度。当他们买进某种东西，对于行情的盈利目标多少有点谱，但对于止损的风险则完全没概念。进场之前，就必须预先想清楚你的止损价位与获利了结价位。”

精明的风险管理意味着避免过度交易

“另外，某些交易者经常过度运用交易资本。如果账户中有5000美元，他们就买进5手猪腩期货。只因为账户内有足够的保证金，他们就认为应该充分运用。

“你必须问，‘我希望分批建立仓位，还是更积极一点而直接一步满仓’。这两种方法都可以成功，我见过某些交易者分批向下建立仓位，就风险控制而言，这也相当成功。我想，成功没有任何单纯的公式，完全取决于个人的偏好与风格。如果你准备尽快大捞一笔，或许希望充分运用资本，也可以不断利用获利加码。当然，这种做法也有缺点，你可能发生严重的损失，很快就被甩出局。就资金应该承担的风险／获利潜能来说，你永远都应该设定百分率的限制。你可以告诉自己：‘我只愿意从账户净值中支付10%的保证金’。

“原则上来说，如果你准备保守一点的话，保证金的使用额度最好不要超过账户净值的20%，甚至10%。这才能够让你安然度过一些不顺利的时期。”

菲尔·弗林认为，账户中有足够的资金，并不代表你应该全部动用。预留一些缓冲的余地，防范情况不顺利而遭逢连续损失。重点是留在局内。

处理亏损的制胜心态

如同本书中接受采访的许多交易员一样，菲尔·弗林面对损失而展现的态度，在非专业交易员中非常罕见。由于心态上的差异，他对于认赔从来不觉得困扰，这也正是成功交易员必须具备的条件。

“这属于交易计划的一部分。如果我想要成功，就必须学习在小额亏损的情况下出场，因为持续接受大额的损失，我不可能留在局内。告诉自己，‘这笔交易进行得不错，我只损失了2500美元’。若是如此，你就掌握了控制权。

学习喜爱小额损失。

“有一位交易员曾经说过，‘学习喜爱小额损失’。如果你能够乐于承受小额损失，那么距离巨额获利就不远了。如果你能够学习去乐于承受小额损失，就能够说，‘虽然发生损失，但这笔交易还是很棒，因为损失不大，而且我是完全按照计划进行交易的’。”

有时候，最棒的交易不是把钱放到荷包里，而是在正确的时机结束仓位。

面对损失的仓位，提醒自己几件事：

❖ 亏损是很自然的现象——为了获得成功，亏损必然发生。完美无缺不在这场游戏的范围内。

❖ 为了避免重大的损失，最好现在接受损失。获利不仅取决于你赚多少钱，还取决于你少赔多少钱。很少有人了解这一点，也可能是经常忘掉这一点。

❖ 如果你遵从系统的指示，就是具备自律精神的交易者，将来可以得到若干倍的回报。

❖ 获胜的关键在于你的方法而不是输赢。如果你能够及时认赔，代表你的方法正确。

请相信我：根据系统，及时认赔，这就是成功的先兆。

没有不能错失的机会

本书整体的访谈内容凸显出了三个相互关联的事实：

(1)不同于外行人的一般看法，你没有必要承担巨额的风险，就能赚取巨额利润。

(2)市场上存在低风险的交易机会，但你需要耐心等待。只因某辆巴士最早进站，就不分青红皂白跳上去，如此绝不会让你更早到达目的地；事实上，结果刚好相反。

(3)没有所谓不能错失的机会，因为市场上永远有许多机会。

“我所经历的一些最棒的交易，经常属于低风险的交易。如果整个星期或整天的交易都不顺利，你就很难保持耐心。我是说，耐心等待正确的进场时机。市场经常提供一些风险极低的机会，只要你耐心等待，这些机会就会出现。

我所经历的一些最棒的交易，经常属于低风险的交易。

“你很难保持耐心，因为你希望每天都赚钱，希望每天都进场。你担心赶不上巴士。身为交易员，我不断提醒自己，永远有下一班车。如果你错失这班车，只要耐心等候，还有下一班车。如果你不认为班车还会进站，那就大错特错了。”

菲尔·弗林认为，耐心是风险管理的根本要素。没有耐心，你就很可能抓到一些不当的机会，提高仓位承担的风险。缺乏耐心源自恐惧或贪婪。如果你正在寻找进场机会，你害怕错失机会，只要专注于自己的系统，耐心等待系统的讯号，就不成问题。如果你相信自己的系统，只接受它帮你挑选的交易，就无须担心错失机会。

错失机会的恐惧让你认为："黄豆价格将继续走高，我必须买进，因为周末已经到了，而且下雨的可能性不大，那我就会再度错过机会。"由于担心错失行情，于是你支付较高的价格。行情不断走高，你又不断告诉自己"我应该买进"。然后，看着价格上涨，你开始又气又急。结果，你追价买进。这都是因为害怕与愤怒。

错失机会的恐惧，不只发生在进场的时候，也发生在你准备出场的过程中。当你打算结束一个仓位，你害怕太早出场。这是一种"我原本可以赚得更多"的症候。由于你忙着回顾自己错失的机会，结果没有发现前面的大坑。

"除了学习喜爱小额损失外，你也必须学习喜爱自己落袋的获利，虽然这些获利原本可以更多一些。我想，避免患得患失的心理作祟，分批了结是最简单的办法。如果你持有10手合约，目前已经到达目标价位，可以先结束一半的仓位，然后调整其余仓位的停止点，保障既有的获利。所以，让剩余一半的获利持续发展，但是还是必须设定一个目标价位。"

按照菲尔·弗林的建议，如果你实在担心原本可以赚得更多，那就分批了结。

阿拉隆交易公司的网址：

http://www.alaron.com

交易战术：

☞ 拟订交易计划，如此才能保持冷静，充满自信，掌控自己。

☞ 交易计划必须清晰告诉你，何时进场与出场，何时不采取行动。

☞ 如果交易计划确实有效，就不要随意更改。

☞ 如果交易计划拟订得不理想，辨识其中的问题所在，设法解决。

☞ 务必留意报复性的交易。

☞ 避免执着于某种观点或某个仓位。

☞ 风险管理：界定潜在风险。

☞ 风险管理：账户中保留一些缓冲资金，预防连续的不顺利交易。

☞ 耐心等待低风险 / 高报酬的交易机会。

☞ 由于今天追逐行情，结果明天没有资金可供交易，这是你唯一可能错失的机会。

❖ 7 ❖

马丁·伯顿
Martin Burton

“交易中的每种进展，
都必须接受测试。”

讨论主题：

☞个性协调的交易

☞适合个性的交易

☞交易计划的步骤

☞避免“追逐行情”

☞适当看待亏损

☞自信与交易勇气

一辆车驶入加油站。一位蓄着长发，穿着寒酸的年轻人走过来，车主请他把油箱加满。这位年轻人立即说出精确的加油费用。车主觉得他的算术反应很快，于是提供给他一个工作机会。这发生在25年前。这位车主是伦敦某主要证券经纪商的资深合伙人，加油站的年轻人就是马丁•伯顿。

目前，马丁•伯顿是默钮门特衍生品交易公司的总经理，该公司成立于1991年。21岁时，他就成了伦敦证交所的会员；22岁时，他成了毕斯古德毕晓普的合伙人。成立默钮门特衍生品交易公司之前，他曾加入国民西敏寺银行，协助建立该公司的衍生品部门，随后前往花旗银行斯克里姆库尔维克斯担任了四年的总经理，负责英国与欧洲大陆的所有股票与衍生品交易。

默钮门特的业务包括：做市活动、专业交易、衍生品经纪、资金管理、技术分析与计量研究。马丁•伯顿本人从事期货、期权与现货市场的交易。虽然他们的交易盘房规模不如大型银行，但市场影响力很大。当他离开盘房跟我见面的时候，我首先注意到他手中的大雪茄，其次是衬衫上手工缝绣的名字缩写。

“在25年的交易生涯里，我从来不认为自己是在进行一场90分钟的足球赛。我的长期绩效相当成功。过去几年，我刚好参与一个小型交易基金的操作，每年的获利都超过50%。对于我来说，如果某一年不赚钱，完全没有问题，但是否发生严重的亏损呢？我从来没有发生严重的损失。就整年度而言，我从来没有损失的记录。这是一种自我控制的本能。当然，这也会制约获利能力。可是，这是我自己的信念，按照自己的风格进行交易。”

> 就整年度而言，我从来没有损失的记录。

内在协调才能创造优秀交易员

为了获得成功，交易员不仅必须正确对待市场，还必须正确对待自己。交易员对自己的态度，可能从两个不同的方面影响操作绩效：他们如何看待自己得到的信息，他们如何反应该项信息。我们可以确定一点，感觉忧虑、分心或愤怒，这些情绪状态绝对无助于操作绩效。了解技术指标或最近公布的GDP报告，这都很重要，但迈向交易成功的道路，起点在更前面——起始于自我分析。

“我从总体层面向下观察市场，也从总体层面向下观察自己。这一切起始于每天早晨起床的时候，我立即产生一种感受：我必须感觉很棒，我必须让自己处于一种协调的生理 / 心理状态中。早晨的感觉会影响我的穿着，影响我一整天的计划。这一切将决定我整天的心智状态。

“如果你处在最佳状态下，你的表现也将是如此。你必须确定自己处在最佳状态，因为这让你有更大的机会掌握优势。可是，也正因为如此，你不能对自己说谎。不能只因为你想交易，就假装自己的感觉很好。”

马丁·伯顿必须确定自己的心智处于协调状态，这是进场交易的先决条件。所以，除了市场策略外，他还采用心智管理策略。这类技巧可以提高专注能力，使得行情判断更清晰。维持内在的协调，让你不容易分心，不会基于错误的理由拟定市场决策。

“我不会让自己挂念任何东西。维持理想的状态很重要。如果生活中的其他部分造成不协调，你的交易就不会理想。如果你觉得不自在，生活中发生某种问题，这就不是进行交易的最佳状态。你不能允许任何可能造成的干扰因素存在，因为它一定会造成干扰，我保证它一定会在你最不希望被干扰的时候对你造成干扰。你经营生活的方式也就是你从事交易的方式。”

如果交易员了解自己，就比较容易理解他们为什么会产生某种特定的行为，例如，为什么在存疑状况下递单。当交易员觉得沮丧或不快乐的时候，经常有提早结束获利仓位的冲动。他们希望由市场中取得一些报偿，弥补生活中的其他不快感受，于是他们实现账面获利。自我分析可以让这类交易者了解，他们提早结束获利仓位只是为了让自己觉得好过一点。透过自我分析，可以了解一些非交易相关的不当行为，以及潜意识中的真正动机。

你经营生活的方式也就是你从事交易的方式。

同样，如果不遵循交易计划，计划书就没有任何意义。请注意，你的感觉将影响交易决策是否来自交易计划与客观评估后的信息，或来自你扯进交易之中的日常生活情绪包袱。

“因此，如果你准备与市场作战，必须确定你的心理 / 生理状态没有任何弱点。你甚至应该问自己：‘我为什么有这种感觉？我为什么感觉很棒？’我会质疑自己的感觉是否真实？是否自己骗自己？我是否处于正常状态？可是，这一切都只代表我已经准备妥当而可以下注，并不代表我会下注。

“然后，你从总体的角度观察市场。这一切都是你是否下注的背景信息。唯有经过前述的程序而觉得非常自在的时候，才应该在个别股票押下赌注。”

所以，唯有经过周全的自我分析，马丁·伯顿才决定是否进行交易。

不进行交易可能是最成功的策略

“如果我发现交易之外的某些事情对我造成干扰，就不太可能押下赌注。我会继续工作，但不会进场交易。如果你能控制自己的情绪，就能取得优势。同样，你也必须具备耐心。我具备非凡的不交易耐心。为了保持对市场的感觉，小量交易没什么问题。事实上，我不认为这是交易，只是为了与市场沟通。可是，如果交易涉及真正的大钱，就必须确定自己处于正常状态。

“你没有必要每天交易，甚至没有必要每个星期交易。如果读者自认为是交易员，而且对自己有信心，那就不需要每天都交易。你就是你认为的自己，但显然必须有充分的理由相信这是真的。我不认为你身为交易员就需要每天交易。你不能欺骗自己。如果你下注，赌注必须很小。你必须不断自省，到真正下注的时候，务必确定自己处于正常状态。”

> 你没有必要每天交易，甚至没有必要每个星期交易。

最初，我觉得非常讶异，马丁·伯顿之类的成功交易员，竟然建议交易员不需要经常交易。可是，经过仔细地体会，他的说法显然有道理，这也是为什么他是受访者而我是采访者的原因。

正因为你觉得不对劲的时候不该交易，所以你必须通过某些方法来控制自己的心理状态。最容易对交易产生不利影响的感觉，通常来自个人没有解决的情绪冲突。这些情绪冲突可能来自同事之间的争执或工作压力，使得你在最应该专心交易的时候被干扰。唯有你才知道这些冲突的原因与解决的办法。你必须有强烈的意图解决这些冲突，因为你的交易优势仰赖这些。另外，如同马丁·伯顿所说，你可以等到冲突解决而觉得自在的时候再交易，其他时候没有必要交易。

可是，请记住，你必须有积极的心态，而且必须谦卑。你也必须对自己的盈亏负责。如果你尝试塑造积极的心态，或尝试学习积极的心态(我见过管理顾问做过多次这类尝试)，这都没有用。积极的心态或许可以被塑造出来，但你没有办法因此而认赔，因为这种心态没有根深蒂固。我认识一位受过完整训练的高级经理人，但他是被人'包装'出来的。企业管理或许可以容下这类人，但交易市场很快就会把他淘汰。"

"交易市场没有可供躲藏之处。你必须面对自己。这里没有办法假装，你必须赤裸裸地站在自己面前。你不能欺骗自己。如果你相信的东西是被教导的，交易市场会让你怀疑这一切；反之，如果你原本就相信，那就没有怀疑的问题，因为这毕竟是你所相信的。"

按照个性进行交易

采用一套不适合自己个性的交易系统，最后都难免与系统或自己造成冲突。缺乏一套适当的系统，只不过是浪费自己的精力与账户中的钞票。就如同采用别人的装备踢足球，或穿着别人的盔甲上战场，即使这套装备属于乔·蒙塔纳，盔甲属于恺撒大帝，你的表现也不会类似他们。

“关键是按照自己的个性进行交易。你的个性可能有瑕疵，就如同我的个性也有瑕疵一样。我的问题是有时候太冲动或反应太快。可是，如果我是约翰·麦肯罗，尝试模仿杨·柏格就完全没有意义。所以，我尝试按照自己的个性进行交易，即使有时候太冲动或反应太快。偶尔发泄一下怒气，释放出情绪中的毒素，这对于我自己总是有好处的，虽然周围的人恐怕会受到一些干扰。一旦发泄之后，我就完全自在了。

> 按照自己的个性进行交易。

“如果你是某一类型的人，就必须承认这个事实。在个性上接受自己，没有任何隐瞒，不要假装自己是另一个你希望成为的人。我认为，这是交易员的关键议题。我就是我，不能假装是另一个人，而且我愿意按照自己的个性进行交易。这一点对我很重要。”

你的系统必须发挥个性上的长处，尽可能降低个性缺失的影响力。当然，你首先必须知道自己个性上的长处与缺点，了解自己对于交易的偏好。举例来说，你的个性急躁还是具有耐心？是否相信技术分析？是否喜欢绘制图形？偏好集中或分散的交易组合？

其次，评估交易系统与自己个性之间是否搭配。举例来说，如果你的个性急躁，就不应该采用长期交易系统。你的系统或许应该以技术分析为主，可以立即反映行情走势。如果系统中考虑公司产品的长期供需关系，恐怕不适合你的个性，很可能会造成挫折感。

让我们举一些例子来说明交易系统与个性之间的协调问题。如果你不喜欢研究图形，不相信技术分析，就不应该太过于仰赖变动率(ROC)指标判断行情。如果你的个性非常嫌恶风险，或许比较适合交易期权而不是期货合约。如果你经常犹豫不决，交易系统就应

该提供明确的进 / 出场讯号。如果你的反应不快，就不应该从事短线的盘中交易。另外，如果你不能同时照顾三个以上仓位，你的系统或许应该每个星期挑选一个最佳的交易机会，当未平仓仓位到达三个之后，就不要再开仓建立仓位。

成功发生在决策过程中

建立仓位的步骤

经过分析之后，辨认机会：获利 / 亏损与时间预期。

进场建立仓位之前，马丁·伯顿采用几个层次的思考程序。第一个层次是在每天清晨。如同前文描述的，他对自己的感觉进行自我分析。第二个层次涉及机会辨识与建立仓位。

“然后，寻找你认为有把握的机会。你自然就知道自己准备押下多大的赌注。这个时候，你对于获利有某种预期，也知道可能的损失风险，如果还是决定进场，那就下注。”

仓位开仓之后，立即重新分析获利 / 亏损与时间预期。

一旦仓位建立，马丁·伯顿的分析不会就此停顿，他会重新考虑自己对仓位的感觉与获利的预期。

“真正分析我对于仓位的感觉这是另一层次的心智程序。一直到实际拥有仓位之后，我才能真正分析仓位。现在，我面对一个活生生的仓位。一旦仓位真正建立后，我将以另一层次的本能凌驾仓位之上。我考虑获利的预期，以及实现获利的预期时间。我了解，如果获利实现所需要的时间不在我的个性控制范围内，即使价格将满足我的预期，只要时间太长，我的个性也不太可能接受这一点。”

如果价格将花费一个月的时间到达目标价位，他可能没有办法维持仓位，因为他知道自己的个性恐怕不能等待这么长的时间。唯有心智处于自在的状态，才可能产生最佳的判断与最佳的交易绩效。如果你不满意当时的情况，心智就会透过巧妙的方式让你知道，迂回地让你产生失控的行为。如果某位交易者只愿意持有一个星期的仓位，但该仓位需要三个星期的时间到达目标价位，交易者就会自然找到借口提早结束仓位。

如果马丁·伯顿开始觉得不对劲，就知道自己必须重新分析。他必须在自己个性的舒适范围内进行交易。如果某笔交易与自己的个性之间不能协调，判断上就会发生错误。

“如果我对于一个仓位的考虑过多，我就知道这是出场的时机。显然，一定有某些理由让我产生过多地考虑。一旦对于仓位产生疑虑，只要行情发生不利的走势，表现一定不理想，我必须接受这一点。除非我能找到一个好理由说服自己继续持有仓位，否则我就出场。”

拟定有效的交易决策：设想可能性

从预期获利的角度分析仓位之后，接下来考虑潜在风险。总之，马丁·伯顿通过自己对仓位变动的感觉，设法拟定有效的决策。

“然后，我从另一个角度思考，如果五分钟之后，价格出现了下跌，我准备怎么做？如果行情下跌5%，而且除了市场心理外，没有特定的理由造成行情下跌，我是否准备加码买进？如果我不想继续买进，或许我原本已经买得太多。虽然我不想向下摊平，但我会问自己：‘如果要摊平的话，我会挑选哪个价位？’”

通过摊平价位的考量，伯顿判断自己持有的股票数量是否太多。同样，这也是自我协调的问题。如果他希望摊平，代表他愿意在目前更低的价位买进，显示他对于最初的分析仍然有信心。相当不错的心智技巧，让你保持开放的心态，不会坚持既定的看法而完全排除发生错误的可能性。

“如果仓位发生某种程度的亏损，那不只是数据而已，实际上就代表钞票，我希望知道自己的感觉如何。如果价格位于你不希望发生的位置，你准备怎么做？站在买方还是卖方的立场？在这个价位，只能二选一。所以，在价格发生某种程度的走势之前，就必须盘算清楚自己的反应。

“一旦完成这方面的评估，了解自己容忍痛苦的程度之后，假定价格真的到达该价位，就像公司的应付账款一样，损失已经入账了。由于你已经准备妥当，万一发生的时候，就可以轻松处理。

如果仓位发生某种程度的亏损，那不只是数据而已，实际上就代表钞票，我希望知道自己的感觉如何。

“如果我是一位将军，派遣5000士兵前往战场，先锋部队一下就折损1000多人，我是否会下令撤退？如果我认为这只不过是伏袭的缘故，完全没有影响敌我之间的实力，我就继续前进。如果我认为到时候将产生一种念头：‘不知道怎么处理损失’，那我就不会建立仓位。”

这让我想起《孙子兵法》的一段内容：“夫未战而庙算胜者，得算多也。未战而庙算不胜者，得算少也。多算胜，少算不胜，而况于无算乎？”

“一旦你确定自己可以处理所有可能发生的事，那么你的心智状态就已经准备妥当。你必须知道自己的感受，你是否有力量继续前进，因为这些都是交易的必要准备。所以，交易之中必须预先知道，如果股价到达你不希望发生的价位，如何处理。

交易之中必须预先知道，如果股价到达你不希望发生的价位，如何处理。

“我对交易的向往如同对待生活，但实际上交易不是生活。我处理交易，就像我处理生活。如果你喜欢在生活其他层面上拟定决策，那么你在交易中不能根据自己的意愿拟定决策，应该像下棋一样，你必须观察对手的动作。你应该自问：‘如果我把兵移到这里，整个局面将如何?’交易就像下棋，考虑所有的层面。

“我可以掌握到某种程度，一旦需要拟定决策时，我觉得很自然。因为我已经决定如何应对不利的走势，所以我对于自己将来必须采取的行动觉得很轻松。”

马丁·伯顿采用一种相当有用的技巧，做交易时会预先评估各种因应行动。他预先盘算仓位的各种可能的发展情况，并构思每种情况下的合理对策。当某种情况真的发生的时候，这种技巧有助于你立刻采取行动。心智预演有助于实际采取行动，我非常推荐这种技巧。“你认为情况可能如何发展，如果真的发生，你准备怎么办?”如同马丁·伯顿所说的，“交易中的每种发展，都必须有相应对策。另外，你也必须在心智上测试自己的对策。如果行情出现不利的走势，你预先安排的接受测试的对策就有了用武之地。”

如果你发现自己对于认赔有困难，进行交易之前就应该设想预定认赔价位遭到触及的情况，然后设想自己采取行动认赔。重复练习，直到你觉得这是一种自然反应为止。同理，如果你经常过早获利了结，就应该设想股票触及某个你不应该卖出的价位，然后设想自己不会出场，同时告诉自己为什么。

同时考虑价格与时间。请注意，心智预演必须同时涵盖目标价位与时间。如果你准备在一个星期内结束仓位，那么六个月完成2%的目标价位就没有意义。

“现在，你必须考虑股价变动的速度有多快。买进之后，如果股价没有明显的理由而立即下跌，你必须盘算自己如何处理这种情况。如果股价慢慢下跌，那就更值得关心。总之，你考虑的不只是价位而已，还包括股票到达该价位的时间。所以，你不能像机械性交易者一样，只是设定价位，必须考虑价位/时间的关系。这是关键所在。如果你发现股价慢慢远离目标价位，相对于大卖单引发的暴跌走势来说，盘跌比较可怕。大卖单不值得慌张，反而应该视为低价加码的机会。

“如果我预期10%的涨势，结果股价在很短的时间就上涨5%，我很可能结束仓位，因为这段走势得来全不费力气。我可能认为，股价之所以立即上涨5%，完全是因为技术性缺乏卖盘，在我的时间架构内涨势过猛，很难继续走高。”

马丁·伯顿是在时间架构内评估目标价位的，完成某特定走势的时间越短，当然也就越理想。

重点是方法，不是代价

同大家一样，马丁·伯顿的最终目的也是赚钱。可是，为了达成这个目标，他知道自己必须专注于事前准备与心智程序。所以，只要按照计划行事，亏损也算成功。换言之，他衡量成功的基准为“是否按照计划行事”，而不是其他替代行为的结果。

“我卖出之后，如果价格继续上涨5%，这完全没有问题。或许有些恼人，可是只要我按照心中的想法操作，如果赚钱，那我很高兴，如果没有赚钱，我至少已经按照计划行事。”

> 如果觉得不舒服，我绝对愿意过早认赔。

“如果我根据自己的方法与思绪进行交易，因为担心损失而提早卖出，错失该仓位演变为重大获利的机会，那我也仅是付之一笑，这对我完全没有影响。如果觉得不舒服，我绝对愿意过早认赔。事实上，如果我准备做什么事，结果没有做，这才是我最担心的。例如，我告诉自己应该建立某个仓位，结果没有。如果我毛骨悚然而觉得应该害怕，结果基于某种理由而违背这种害怕的直觉：这才会让我恼怒。”

交易系统就是交易计划，显示你什么时候应该做什么。交易者必须对自己的系统保持信心。市场如同浩瀚的大海，你唯一能够仰赖的就是自己的系统。如果放弃系统，一定会迷失。如果你总是临时起意采取一些行动，账户一定布满赤字，偶尔的获利只是安慰而已；反之，如果你按照周详的计划进行交易，必定是稳定的成功，偶尔一些失败也只是用来点缀成功。所以，马丁·伯顿不断强调按照计划进行交易的重要性。对于伯顿来说，计划中的决策就是正确的决策，也是无悔的决策。

“发生亏损时，务必确定决策正确。处于不利的情况，你必须确定自己不会后悔：正确的决策不会产生后悔的结果。如果你事前做过通盘考虑，决策就会正确。如果我的人生有一个座右铭的话，那应该是‘我永远不希望对任何事情觉得遗憾’。这并不是说你不能认赔或犯错，你只是根据计划采取行动而结果错了。总之，这是你的决策，不是临时起意的想法。”

> 如果我的人生有一个座右铭的话，那应该是“我永远不希望对任何事情觉得遗憾”。

交易涉及许多困难的决策，但马丁·伯顿能够轻松执行，因为他知道整场比赛不是在一天之内结束。

“提早结束一个原本可以获利的仓位，这不是重点所在。你必须放轻松，这不是一场90分钟的比赛，今天不一定要得分。明天还会进行比赛，只要你愿意，每天都有比赛。你不用太在意今天的得失，明天还可以重新来过。只要你愿意，每天都有机会，不要太过执着。”

伟大交易员的心态全然不同于一般交易者。对于已经发生的一切，他们不会抱着负面的看法，因为他们知道，这并不是最后一击，比赛还要继续进行。举例来说，如果你的彩券号码只差几个字，你不会久久难以释怀。如果你认赔一个仓位，结果行情立即朝当初预期的方向发展，你必须抱着“那又怎么样，重新再来”的心理。集中心思于未来，不要对过去抱着负面的看法。

对待亏损的方法

大多数交易者都痛恨亏损，甚至关掉计算机而否认亏损存在，或拒绝打开经纪商的对账单。这是一种否认的心态。某些交易者把账户中的亏损涂黑，伟大交易员对待亏损的方法截然不同：他们不是绝对的完美主义者，不会紧抓着手中的东西，不会因为割舍一些机会而怨天尤人。

我不是做学问的人，但我相信自己有不错的常识。我像所有人一样喜欢成功，但也能够在相当谦卑的心态下接受损失。我非常愿意承认损失。如果你的损失次数像我一样多，你也需要承认损失。”

认知与接受损失的最好办法，首先就是承认损失。其次，告诉自己整场比赛将不断地发展下去。你永远都可以参加比赛。损失不是全然的失败，只是过程中的短暂影像。事实上，如同马丁·伯顿所解释的，亏损可能完全不是亏损。罗斯曾经在《美国经典小说》中提到，“越快割舍损失，对于每个人都越好”。

“我发现自己可以从损失中得到好处，因为如果你发生500英镑的损失，下一次就可以接受450英镑的损失，完全不会造成心理障碍。所以，你可以处在更有利的情况下拟定决策。你需要了解，接受损失并没有那么严重。

“你必须确定任何决策都是你真正想要的。负责的心态很重要，包括在整个人生当中，你必须对家人、朋友与同事负责，你也必须负起交易仓位的责任。可是，你必须足够坚强而且能够负担责任。你必须负责而不觉得遗憾。”

对于伟大交易员来说，只要他们采取应有的行动——换言之，遵照系统的指示采取行动——就可以把亏损视为某种形式的成功。在这种情况下，他们没有任何遗憾。判断成败的标准在于你是否严格遵守交易系统，不要根据盈亏结果界定成败。把重点转移到适当的对象上，如此将发现获利能够自己照顾自己。当然，你必须把注意力摆在“球”上面，但你首先需要知道“球”在哪里。

自主与自信

马丁·伯顿提到一段非常值得一听的故事，因为这显示交易员需要有独立于群众之外的勇气，相信自己的判断。这种勇气偶尔会造成损失，但更多的是带来获利，并因此而强化自信心。

“据说福克兰即将爆发战争。当政府宣布这项消息之后，我与一群军官闲聊，讨论战争发展的可能态势。他们普遍认为，战争的结果应该正如报纸上的预测，但发展的过程不会如同报纸上预测的那么简单。我发现，这场冲突很多方面都可能出差错，让大家感到失望。我决定做空投资组合中的所有股票。可是，我没有想到我们的远征军需要耗费那么长的时间才到达福克兰群岛。在我们公司中，我是唯一站在空方的交易员。我每天都必须面对‘你不应该在战争中做空股票’的爱国情结压力。大约经过三个星期的时间，我们才经由亚欣森岛到达南乔治亚。

“当时，媒体普遍认为我们只需要走遍全岛就可以了，我的空头仓位每天都发生损失。同业交易员与空头仓位给我带来相当大的压力。虽然这方面的压力很大，但我还是相信自己的看法。结果，我们的远征军当然没有受到太大的损伤。可是，随后几天，整个市场与政治圈子开始产生疑惑，尤其是在几艘战舰被击沉之后。于是，行情开始暴跌，我扳回仓位的损失。虽然没有赚钱，但也没有发生亏损。

“这是一段值得回忆的经历，因为我觉得自己不爱国。可是，我有我的工作，我是专业交易员，不仅仅是群众的一分子。我相信交易程序中必须存在某种程度的反向思考。这是一种痛苦的程序，我非常怀疑自己身为交易员究竟在做什么。”

伟大交易员需要坚信自己的决策，但还需要保持重新评估的弹性。这非常不简单。你一方面需要有顽固的勇气，另一方面还需要保持开放的心态。唯有诚实面对自己，才能明智地判断。你必须问自己为什么这么做。如果你仍然相信自己的分析正确，就不能动摇信心。可是，你也必须定期根据新的信息，重新评估整体的情况，确定你的仓位仍然正确。一位船长不会在设定方位之后就蒙头大睡，他必须继续观察。吉普林曾经说过：“当所有人都怀疑你的时候，你必须相信自己，但还是需要考虑他们的怀疑。”

交易战术：

- ☞ **你的感觉如何？你是否按照既有的感觉进行交易？**
- ☞ **你可以不进场交易。**
- ☞ **你的交易方式是否符合自己的个性？如果不是，调整交易方式。**
- ☞ **这笔交易的预期获利是什么？**
- ☞ **你认为实现预期价格的时间需要多久？**
- ☞ **如果价格在五分钟之内下跌5%，你会有什么感觉？**
- ☞ **针对各种可能的发展，预先拟定因应对策。**
- ☞ **按照计划行事，钞票会自己照顾自己。**
- ☞ **交易不是生死搏斗，明天还有机会。**
- ☞ **按照系统的指示交易，即使发生亏损也算成功。**
- ☞ **相信自己的决策，但永远保持开放的心态。**

❖ 8 ❖

保罗·詹森
Paul RT Johnson Jr

“我享受交易，
尤其是赚钱的时候。”

讨论主题：

☞交易的三种恐惧感：错失机会、成功与失败

☞交易的自律精神

☞交易的欲望

对于某些人来说，名气具有吸引力。我在芝加哥联盟俱乐部访问保罗·詹森的一个星期之前，雪茄爱好者杂志帮他与汤姆·包德温拍摄了一些影片。隔周，当我观赏芝加哥期货交易所(CBOT)为访客准备的影片时，看见保罗·詹森出现在屏幕上，解释他的工作。现在，他理所应当地出现在本书这样一本名人集之中。

如同许多杰出交易员一样，保罗·詹森很年轻的时候就感受到市场的魅力，而且这种魅力始终伴随着他。8岁时，他曾经参观CBOT，看见过交易员的交易情况。20世纪80年代初期，他曾经是芝加哥商业交易所(CME)、现在则是芝加哥期货交易所(CBOT)的董事与场内交易员，他也是英格证券期货与期权公司的资深副总裁和LSU交易公司的总裁，主要工作是为利率衍生品使用者(如都会银行、避险基金与专业交易管理公司)提供市场与交易分析，但是他的收入大多来自自己账户的交易。

无畏的交易员

采访保罗·詹森之后，我相信伟大交易员——在这个领域内赚大钱的人都很伟大——对于事情的看法与一般交易员截然不同。这可能是成功者的普遍特质。他们有不同的看法、不同的态度，其中涉及的绝不只是乐观而已。他们交易成功的地图似乎是从天上鸟瞰绘制而成，他们可以看见每个环节，视野非常宽广。非常幸运的，我们也可以通过学习来培养这种态度。

身为交易者，你可能遭遇数种不同类型的恐惧：

❖ 恐惧错失机会。

❖ 恐惧成功。

❖ 恐惧失败，这是认赔出场的恐惧。

本书的许多访谈中，我们讨论过这些恐惧的原因，并且提出了解决之道。

恐惧错失机会

交易者普遍认为，如果他们不采取行动，将错失一辈子的机会。他们相信，机会不会多次登门，如果希望成功，必须抓住成功的每个机会。在交易的领域之外，这是令人钦佩的特质，也是我们对于这种态度的评价。在整个成长过程中，我们都被灌输过这样的信念。可是，适用于人生其他领域的真理，未必适用于交易。这也是许多其他领域的成功者，为什么不能在交易市场获得成功的道理。他们在其他领域内获得成功的技巧，往往加速他们在交易市场的失败。伟大交易员具备全然不同的观点。

“永远有明天，许多人经常忘记这个事实。某些精明的人了解永远有明天，他们也是早上就可以离开市场的人。我今天早上遇到一位交易员——他有很棒的一天，只工作20分钟。进场之后，立即出场。他发现市场太过沉闷，不适合进行交易。

> 我宁可错失机会而不愿失去钞票。

“在营业大厅里，我想你必须具备一些攻击欲望。这是一个相当蛮横的场所，你不能感到害怕。对于你所面对的事物，你不能觉得害怕，这是交易员必须具备的一种心态。如果太过于软弱，你会失去太多交易机会。可是，错失一些机会是可以接受的，我宁可错失机会而不愿失去钞票。如果你错失一个交易机会，就让它过去。几分钟之后还会有另一个机会。”

没有遵循交易计划提供的明确进/出场讯号，这才是值得害怕的事情。交易者经常会受到一些古怪念头的诱惑，或运用交易计划的灰色地带“弄些搞头”。举例来说，假定某人运用三天移动平均线穿越十天移动平均线作为交易讯号，在这种情况下，如果两条均线相互接触而没有明确的穿越，交易者可能不愿意多等一天看看均线是否真的穿越。在某些情况下，这种迫不及待的欲望很强烈，例如，很久没有交易、急于扳回损失或急需用钱。

为了消除这种恐惧，首先需要剔除所有的不相关因素。交易毕竟不能因为你需要获利而获利。把不相关因素从思想中剔除，最佳方法是专注于交易讯号。写下你应该进行交易与不应该进行交易的市场讯号，这些法则必须尽可能明确。然后，专注于这些讯号，排除其他诱惑。

不同于人生其他领域，为了获得交易成功，必须克服错失机会的恐惧。提醒自己，适用于其他人生领域的法则，并不适用于交易。在金融交易市场，为了获致成功，意味着你必须等待正确的时机。如果感觉某些东西不对劲，就不要进场。态度必须十分小心，等待就可以获得报偿。另外，随后还会出现其他的机会，这也不同于人生其他领域。

恐惧成功

你可能很难相信，很多人非常害怕成功。你或许认为，这对于我们这些人更有利——除非你在潜意识中也害怕成功，而且自己不知道。

“我相信很多人害怕成功。我有一位青梅竹马的好朋友，他是一位消防队员，他几乎是在上班的第一天就把工作搞吹了。他曾经得到生命中想要的一切，但他总能够想出办法搞砸。

“成功会带来压力，人们期待你维持相同的成绩，但你担心‘我没有办法再办到’。对于专业交易员，我想成功的恐惧远甚于失败的恐惧。”

我想成功的恐惧远甚于失败的恐惧。

你怎么知道自己害怕成功？不妨考虑下列问题：

❖ 如果你准备进行一项你过去曾经完成的工作，是否会因为担心表现退步而不安？

❖ 你是否会忧虑一项工作完成之后的负面影响？

❖ 朋友或同事对于你的期待，是否会构成压力？

❖ 你是否会听见自己说：“我是否必须再度证明自己？”

❖ 完成一笔成功的交易之后，你是否会给自己“休息”的机会，或立即又进场？

❖ 当你成功交易的时候，是否突然发现自己交易的时间减少，而自己的琐碎事务特别多？

当然，这些现象未必代表你害怕成功，但确实有密切的关联。为了排除这方面的恐惧，首先必须找到问题发生的原因。举例来说，是否是因为家人的期待过高？其次，你必须消除这些原因，或把它们的影响中性化。为了把某个问题的影响中性化，你必须有克服问题的决心。随时提醒自己成功的效益，告诉自己你想要成功，设想一下交易成功的景象，鼓舞成功的欲望。

恐惧失败

在一般生活中，害怕失败经常是成功的动力。可是，在交易领域里，情况可能刚好相反。反映在交易过程中，这是一种害怕认赔的情绪。

假设你持有一个亏损的仓位。如果你忘掉“迅速认赔”的古老格言，损失可能不断累积。于是，你希望否认它们，尝试忘掉它们。你变得太忙而没有办法考虑它们。你承诺自己，现在你只希望扳平，甚至不再考虑获利。

随着价格不断走低，你对自己的承诺也只好向下调整，“只要价格稍微回升，我就出场”。每当你想起这个损失，就非常懊恼。偶尔，你可能责怪自己没用。你可能记起一些过去的失败经验，“我或许是个天生输家”。午夜的时候，你可能会想：“或许自己遭到天谴，但我会汲取这段经验”，似乎想跟老天爷讨价还价。不久，价格回升，你想这可能是转机。或许应该继续持有仓位，毕竟还有扳平的机会。可是，价格再度下滑，继续创新低价。现在，你开始责怪自己与市场。市场完全知道你的仓位，它就是要惩罚你。每当想起这个仓位，脑袋就发胀，身体僵硬。完全迷失在挫折与悔恨中。你开始祈祷，请求老天爷再给你一次机会，你绝不会再犯相同的错误。或许，价格再也没有回升；或许，价格回升的时候你已经认赔出场。回顾这一切，你赫然发现自己原本可以在很早之前就接受轻微的损失出场。你盘算这些不必要的损失，觉得非常愤怒。

更糟糕的是，价格不久之后又开始上涨。于是，你不认为自己应该迅速认赔而在低点另外寻找进场机会，你认为自己根本不应该出场。总之，你没有从这段惨痛经验中汲取任何教训，你只会重蹈覆辙，这一切都是人性使然。

如果你的情况正是如此，那就需要改变自己的心态与亏损观念。为了避免这类错误，你需要了解几点。

判断错误是可以接受的

你过去或许听过或读过这种说法，但你可能不愿意接受。“对于其他人来说，这当然没有问题，但我不能犯错。”除非你愿意接受另一种心态，否则就不可能改变既有的心态。请注意，告诉你交易之中可以犯错的人并不是等闲之辈，而是CBOT的董事保罗·詹森，他允许你犯错。默钮门特公司总经理马丁·伯顿允许你犯错，阿巴隆交易公司副总裁菲尔·弗林允许你犯错。本书采访的每位杰出交易员都允许你犯错。

类似如理查·丹尼斯之流的伟大交易员告诉我们，他的获利有95%是来自5%的交易。

保罗·詹森认为，交易必须克服的最大心理障碍是告诉自己我错了，我可能犯错。我担心失败，我害怕自己看起来是个输家。犯错是一种你必须接受的事实。你不是完美的，你必然会犯错。

> 你不是完美的，你必然会犯错。

我请教保罗·詹森他认为自己具备的最重要交易特质是什么，他不认为是积极的竞争欲望，也不是辨识赚钱机会的天生直觉，甚至不是让获利仓位持续发展的能力。他给了我一个简单的答案：“具备信心而知道自己犯错，我想，大多数的交易员都办不到这一点。偶尔的失败完全没有问题。营业大厅里的阵亡率很高，交易员来了一批又走了一批。我认为，就是你不能承认自己的错误，最后才被迫承认。”请记住艾尔德森的一句话：“如果你一开始没有成功，只代表你是一般人而已。”

不要偏执

兔子在黑暗中穿越马路，偶尔会着迷于远处而来的两个光点。当光点伴随着轰轰的声音逼近时，兔子已经完全失去了反应能力。人们的行为经常像兔子。当交易员明知自己正陷入灾难中，还是固执地坚持仓位。当你持有亏损仓位时，请注意不要变成兔子。

“很多交易员不愿意看报纸，不希望知道价位，因为这会让他们觉得很不舒服。他们认为行情应该朝有利于自己仓位的方向走。突然之间，他们发现行情背道而驰，但不能采取行动，于是遭受失败。”

不要受到不相关因素影响而产生偏执的心态。有些人看到报纸的某项报道，就再也不理会交易系统。这类现象最常见于小道消息。他们听到某个谣言，就把交易系统搁置一旁。你必须用尽一切手段来避免这类偏执心态。专注于马路的对侧，想办法穿越马路。

专注于系统而不是结果

认赔之所以困难，原因之一是我们容易忽略应有的行为。我们原本应该遵照交易系统的指示。伟大交易员专注于他们的系统，让获利自己照顾自己；差劲交易员专注于结果，让交易系统自己照顾自己。你的交易系统应该在亏损还很小的时候就指示你出场。如同保罗•詹森解释的，保持偏低的亏损，相当于创造较大的获利。

“如果愿意迅速认赔，我们就可以把更多的钞票装进口袋。你必须接受许多小亏损而不是一笔大损失。过去的许多经验让我深刻体会，连续八笔交易的获利，可能不足以弥补第九笔交易的损失。

> 过去的许多经验让我深刻体会，连续八笔交易的获利，可能不足以弥补第九笔交易的损失。

“我不介意判断错误，也经常判断错误。每当我陷入一个灾难性的仓位，必定是因为我没有迅速认赔。可能是因为自尊或其他原因，你让亏损继续累积，甚至加码摊平，然后你让自己被甩出局。面对一个失败的仓位，我想你就必须让自己接受这一点。损失不严重，你必须断然认赔。”

保罗·詹森强调的重点是：按照系统的指示，在亏损还很小的时候迅速认赔，如此节省的资金远少于你执着于亏损而忽略交易系统。所以，你必须确定自己的交易系统能够在亏损还很小的时候，指示你出场。你必须尽可能客观地检验交易系统。写下所有相关因素，而且只有相关因素。书面记录让你比较容易进行客观的分析。

> 嗯，你搞砸了。出场重新评估市场状况。

“我会评估技术分析与基本分析的结果，然后说：‘嗯，情况就是如此。’于是，我知道对交易仓位的判断是错误或正确，也知道获利仓位应该加码或亏损仓位应该减码。我会断然认赔，告诉自己：‘嗯，你搞砸了。出场重新评估市场状况’。”

除了交易系统告诉你出场之外，如果原先进场建立仓位的理由不再成立，你也应该结束仓位。

“当仓位朝目标方向发展，你必须更加小心。如果做空100口债券合约，我会把整个仓位视为单口合约，考虑其中的各种参数，评估自己的反应。可是，你也必须持续观察行情，市况随时可能变化。相当程度内，这取决于你当初建立仓位的理由。如果你认为行情将走高而建立多头仓位，必须确定这个仓位确实是你想要的。”

保罗·詹森认为，如果你当初建立仓位的理由不再成立，就应该出场。一切都取决于你的系统。这也是为什么你必须清楚界定进场的理由；出场理由基本上也是由进场理由决定的。唯有在少数情况下，你可以忽略进场理由(如财务报告)而继续持有仓位。举例来说，由于一些意外因素(如并购)造成股价可能朝有利方向发展，虽然当初进场的理由不再适用，但根据最新的情况演变，还是应该继续持有仓位。

我们难以认赔，往往是担心自己结束一个原本可以反败为胜的亏损仓位。这种现象也反映出害怕损失或错失机会的心理，还是专注于结果而不是交易系统。请记住，你不可能预见未来。如果担心亏损仓位反败为胜而忽略交易系统，相当于抱着期待心理去赌博。你有权决定如何做，因为输赢都是你自己的钱。

“你不知道是否是在结束一个能够反败为胜的仓位。你只能按照预先设定的规矩办事。如果价格触及止损，就必须接受。否则这可能是我触犯的最大情绪性错误。你只能够仰赖你所知道的。

你只能够仰赖你所知道的。

“如果你回顾过去而想汲取经验，这是很不错的主意。可是，如果你回顾过去只是为了惩罚自己，那你就是自虐狂。从错误中学习，这在人生任何领域内都没错。我父亲曾经说，我可以从他做对与做错的事情中学习，但不要重蹈覆辙。”

当你透过交易方法——而不是交易结果——来界定成败，就比较能够控制自己的交易表现与交易生涯。你越觉得自己处于控制地位，操作绩效就越理想。

“如果你能够断然认赔，我认为这是成功的表现。你根据自己设定的参数认赔，然后继续前进。唯有当你连续认赔50次，或许才值得担心。”

保罗提到的“继续前进”很重要。照顾一个损失的仓位，势必会花费大量的心理与生理力量，让你觉得担忧、挫折、愤怒与懊恼。这些情绪会让你分心，没有办法冷静思考。紧抱亏损仓位会造成许多隐性成本，让你错失原本不会错失的机会。一旦认赔而继续前进，你可以释放负面的情绪，重新追求其他的机会。

留意冷清的市场

由于担心错失机会，你可能建立原本不该建立的仓位；同样，你也可能因为无聊而建立差劲的仓位。这种“手痒症候群”可能让你花费昂贵的代价来收拾烂摊子。

“很多交易员都有这样的问题。这也是他们提早阵亡或被甩出局的原因。留在冷清沉闷的行情中，你会觉得无聊，然后开始做一些不该做的事。当然，有些人偏爱沉闷的行情。我的一位好朋友，他是欧洲美元价差交易的大玩家，非常偏爱冷清的行情，总是在这类市况下赚大钱。可是，我们都需要知道自己适合哪一类行情。”

你必须了解各种市况，评估自己适合交易的行情。不妨考虑下列问题：

❖ 行情是否冷清？是否即将公布重要的报告？市场是否即将因为假日而休市？

❖ 若是如此，根据你对于自己交易系统与个性的了解，这类沉闷的行情是否适合你？为了获利，你的交易系统是否需要重大的行情走势？

如果你或交易系统不适合处理冷清的行情，那就不应该盯着报价屏幕。专业交易员都能够在开盘20分钟之后离开市场，你也应该办得到这一点。事实上，这就是一种专业心态：发现问题，然后避开它。

叛逆的个性在交易场所不适合

不可寻找借口

如同保罗·詹森解释的，不能认赔是个大问题——不能遵循自己设定的法则。你的交易法则应该在进场之前预先设定止损，使你判断错误时不至于体无完肤。面对亏损，即使我们有明确的处理法则，但经常都不愿意遵从。为什么？人类的心智具有非凡的能力，可以找到各种合理化的借口，诱使理智屈服于情绪，做一些暂时觉得舒服的事。抱紧亏损而不断然认赔，可能让你暂时觉得舒服一点。

“除非你说服自己相信某项行为是对的，否则你不会违反自己的法则。可是，当你违反法则时，通常都知道自己不该这么做。当我觉得自己应该坚持某个仓位，结果我说服自己卖出。这种情况下，我知道自己搞砸了，不应该进一步犯错。”

所以，即使有一套非常明确的系统，还是可能被自己的甜言蜜语诱惑，告诉自己一些不该认赔的借口，梦游般地跌进万丈深渊。

善意与解脱之道

现在，你应该了解交易成功的条件：遵守交易系统的自律精神。许多交易员就是因为缺乏自律精神，不能遵从交易系统，所以他们失败了。保罗·詹森相信你可以培养自律精神。

“参加魔鬼训练营或陆战队。另一个办法是坐下来自我反省，尝试分析自己亏损的原因。

“平心静气，分析自己的所作所为，知道自己究竟违背了什么法则，思考将来如何改善。我发现自己的亏损经常是因为太过草率，我知道自己错了，却继续陷下去，这也是因为我变得情绪化的时候，抱着放纵一下的心态。”

除了确定交易之前自己不是处于漫不经心的状态之外，你还需要把交易法则摆在眼前，看看自己什么时候违背了交易法则。

“我认为，你应该把交易法则写下来。经过深思熟虑而写下自己希望具备、但仍然没有做到的行为，把做错与做对的事情记录为清单，想办法改正错误的行为，让这些错误行为转变为清单中的正确行为。

“我想你必须自我分析，尤其是当交易进行得不顺利的时候，想办法找出其中的理由，好好反省。这就像做很多事一样。如果你在家里拼一幅拼图而拼凑不起来——考虑为什么？采用不同的图片，或采用不同的拼图。因为你能够改变拼图，你也能够改变交易的方法或整个架构。”

因此，你必须辨识自己想要做什么(法则)，以及自己不愿意这么做的可能理由。你之所以不愿意做某些行为，可能是出于懒散，也可能是出于害怕改变，可能是你不认为自己办得到，或其他等等。一旦发现自己不愿做某些行为的理由之后，列出这些行为的各种效益。举例来说，效益可能包括赚钱，或向自己证明你可以达成既定的目标。最后，不断提醒自己这些正面的理由，写在卡片上。每当发觉自己违背某些规范时，抽出卡片，专注于应有行为的正面效益。可是，如果不能坚持自己的承诺，结果还是枉然。你必须有改变的真正愿望。

缺乏自律精神，经常是因为内部的冲突。由于你不愿意做某些应该做的事情，所以你才需要规范。毕竟对于你很想做的事，就不需要什么规范了。举例来说，如果你有“扣动扳机的恐惧”，就经常会找一些借口，不做你知道自己应该做的事情。你会因循苟且，寻找各种合理化的借口。尝试自我分析，就可以知道交易系统的哪些部分需要自律精神。

“如果每项行为都正确无误，结果还是不太顺利，那就无须分析，无须拨弄交易系统。这往往代表你需要休息。举例来说，如果处在离婚过程中，恐怕很难赚钱。交易员需要专注，生活中的某些事件可能让你丧失专注能力，你需要暂时离开市场。”

总之：

1．列出书面的交易法则。

2．列出某些特别容易发生问题的法则。

3．扪心自问，然后写下你不愿意遵从这些法则的理由。

4. 写下你遵从这些法则的效益——效益越明确越有效。

5. 专注于这些效益。

最后，这类自我反省的过程需要长期进行，往往是一辈子的事。唯有在最后一个交易日，你才知道自己是否失败。

“我当然希望五年之后的自律精神更甚目前。我们必须继续学习。”

热爱交易，设法改进

热爱这场游戏，这是交易成功的关键因素之一。如果你热爱某种活动，或觉得某种活动非常有趣，就更可能擅长这种活动。工作变得比较简单，而且继续保持趣味，接受挑战。你乐在其中，几乎成为一种嗜好，热忱与自信可以彼此强化。

“我享受交易，尤其是赚钱的时候。我想我不可能放弃，除非我闯了大祸以至于毁灭了自己。我偶尔也会兴起停止交易的念头。可是，每当我离开市场，就会有难以割舍的思念。如果你没有实际把资金投入市场，通常就很难保持兴趣与专注。所以，从这个角度来说，我永远都希望介入，即使只是为了让自己保持参与的感觉。”

交易热忱主要来自动机。对于许多事情，你就是自然想做或不想做。你可以强化自己的动机。每个交易员的最终动机都是赚钱。首先，你可以列举这个最终动机之前的一些中间目标。举例来说，你的中间目标可能是更严格的自律精神，或更有效的认赔方法。其次，你必须专注于这些中间目标的效益。这些效益可能包括经济安全、财务自主与退休生活。你必须专注于动机的来源。经过一段期间，它们变得越来越实际，变成一种认同与愉悦的根源。

自信不是自以为了不起。

“动机非常重要，你必须有足够的动机才能够赚钱。除了提升自信外，你不能让巨额盈亏影响你。自信不是自以为了不起。有些人能够持续成长，有些人不行。这完全取决于你自己。”

减轻过度的压力

压力可能妨碍动机，可能减少交易的愉悦感觉。压力需要接受管理。肩膀有时候需要挑起担子，但你也应该记住保罗•詹森的建议：

“不，我不认为压力是一件坏事情。有时候，我知道自己必须回来，我拥有一些最棒的交易，因为我非常专注。我的妻子是很棒的生活伙伴，她有自己的事业，而且经营得有声有色。我怀疑自己有时候因此而失去专注精神。

“某些人认为，交易的压力远甚于其他工作，但这取决于个人的感受。你必须立即知道自己犯错，这方面有些压力。可是，任何事情都有压力。当然，还有财务压力、失掉一切的压力。

“压力较轻的情况下，我或许做得更好。当你开始怀疑自己是谁的时候，压力越来越沉重。

“有时候，你必须强迫自己进入状态，这种动机变得比较重要。对于我来说，如果我觉得自己不像自己，那就会强迫自己进入状态。”

如同保罗•詹森解释的，压力是双面开锋的利刃。压力可以提供额外的动机，也可能造成干扰。你不应该害怕压力，但必须管理压力。分析交易压力的来源，然后回归基本的原则。如果压力来自损失，那就专注于如何处理损失与重新评估交易系统。

改善交易能力的关键在哪里

我向保罗·詹森请教这个问题，因为这也是我经常思考的问题。

“对于交易来说，你或许应该研究心理学而不是数学，除非交易的对象是期权，数学在期权领域或许更重要。我想，这可能也是汤姆·包德温何以那么棒的原因，他大学主修心理学，他知道人们什么时候与为什么冒汗，以及可能的反应。

“你必须了解周遭发生的一切。如果有人问我：‘从事交易之前应该学习什么？’我的答案是：‘心理学。’你不需要知道那些复杂的经济资料，因为很多人可以帮你分析，告诉你这些资料代表的意义。如果你打算自己研究，恐怕已经太迟了。”

保罗·詹森认为，技术分析与价格图形都是心理学的反映。如果你打算成为技术分析师或场内交易员，心理学特别重要。如果你分析一份价格走势图，不妨想象市场参与者在哪种情绪状态下造成这些价格形态。“看看那个向上突破，难道不是多头的决心击败空头的意志，然后空头发现大势已去，纷纷回补？”同样，“价格开低而缓慢走高，难道不是代表多头越来越自信而空头越来越恐惧吗？”

> 虽然历史不会重演，但人性始终相同。

“走势图显示人们对于价格的反应。不论是头肩形态还是楔形排列，其中都显示人们如何反应各种价位，何时出现某种行为，当价格穿越颈线，极端忧虑的心态如何反映在价格走势中。这也就是所谓的虽然历史不会重演，但人性始终相同。价格走势图就是如此——反映人性。”

交易战术：

☞ 辨识三种恐惧情绪：害怕错失机会、害怕成功与害怕失败。

☞ 宁可错失交易机会，也不要发生亏损。

☞ 在交易市场中，机会绝对会多次来临。

☞ 辨识害怕成功的理由，把问题中性化；专注于成功的效益而不是压力。

☞ 在冷清、沉闷的行情中，务必留意“手痒”的问题。

☞ 判断错误是一种正常的现象，承认这一点才可能成功。

☞ 留意偏执的心理。

☞ 专注于交易系统，不要专注于盈亏结果。

☞ 保持较低的损失，相当于创造较大的获利。

❖ 9 ❖

布莱恩·温特华拉德
Brian Winterflood

"我是你见过最幸运的家伙。"

讨论主题：

☞交易动机与交易目标

☞成功的相关工作

☞相信自己

☞交易者的责任感

☞仓位的情绪性执着

☞认赔

☞市场是信息的来源

温特华拉德证券公司成立于1988年5月。该公司提供伦敦证券交易所半数上市公司的报价服务，全部的替换投资市场股票与90%的SEAT 股票，以及全部的英国公债。目前，WINS隶属于英国规模第二大的“报价”商人银行。伦敦地区现在仅剩下三家纯属英国人经营的主要经纪商：BZW、国民西敏寺证券与温特华拉德证券。

访谈过程中，布莱恩•温特华拉德偶尔会转头，透过交易盘房的玻璃门观察里面的情况。盘房内有20多位经纪人与交易员。布莱恩目前还是温特华拉德证券的总经理，虽然已经60岁，满头银发，但他的精力、热忱、执着与眼光都不会输给二十几岁的年轻人。他踏进伦敦金融市场已经44年，很少有人具备这类权威性的经验。本章将探讨交易员的心智，以及成功者的素养。

背景

“我于1953年踏入伦敦金融市场，最初在格林纳德莱弗斯担任股票经纪人，随后升任经理，然后入伍当兵。1958年退伍之后，当时的经济形势相当恶劣，除非你的家世背景很好，否则很难找到赚钱的机会。于是，我决定从事报价员的工作。身为报价员，成功与否都完全取决于自己的能力。所以，我开始从事报价的工作，接着成为蓝扣(助理经纪人)，以及其他，等等。

“我们实际上是采用合伙资本的结构，在证券交易所扮演重要的功能。报价员只通过自己的账户交易，不同于经纪人提供撮合的服务。我最初在比斯古德服务。当伦敦市场进行金融改革的时候，我们是五大公司中的第五名，虽说如此，但第五名与第四名之间有很大一段距离。

“所以，虽然我们的规模不大，但还是名列前五，受到许多商人银行与清算银行的赞助，因为当时的做市商很少。你知道，证券业由三个部分构成，你需要一家银行、一家经纪商与一家做市商，然后才能成为完整的体系，我们就是国民西敏寺银行的做市部门。

“当时的局面相当恶劣，充满赤裸裸的贪婪文化，整个产业都不对劲。收入合理的经纪人，薪水可能一夜之间暴增。人们并不了解，在整个体系结构中，真正承担风险的是报价员。这也是报价员存在的理由——投入资金，承担风险。很显然，在商人银行与清算银行的文化背景下，承担风险是一项诅咒。我在1988年离开国民西敏寺银行。这不是我希望服务的场所，所以我离开，成立温特华拉德证券。

“我可以非常骄傲地告诉伦敦金融圈内的每个人，我是最后的报价员。其他的每个人都被整合进入现有体系之中。我们这里没有任何产品，不提供任何建议，只是针对零售交易或机构交易提供第一流的报价服务，然后收取报价服务费用。当时，我们属于有所专精的玩家。我们是报价商，商誉来自我们所提供的一流服务，以及我们与小型公司之间维持的关系。

“我们有一个座右铭，如果让电话铃响声超过两次才接听，我们就是一群米老鼠。所以，我们的效率很高，尽快接听电话，提供第一流的报价服务。”

事实上，我在布莱恩·温特华拉德的桌旁又发现另一个座右铭：“我们没有策略、没有哲学、没有概念。我们是务实的机会主义者”。

这场游戏有其本身的报酬

报酬并不完全是金钱本身

进行交易很简单：打个电话给经纪人，签署一些开户文件，然后下单。踏入这个圈子的门槛很低。进入这个行业的人，大多自认为能够赚钱，偶尔或许会发生一些小损失，但总认为可以从此过上快乐的生活。我们应该稍微让头脑清醒一下，即使是最大型的投资银行，也只聘用极少数的机构交易员(他们以公司的名义进行交易，大多建立某个方向的仓位)。机构交易员也必须经过多年的训练，然后才能独立作业。当他们开始从事交易的时候，仍然必须接受严格的监督——至少通常是如此。

> 早晨起床之后，如果不想进来工作，那你就进错行了。

赚钱的期待不能提供足够的动机，不足以让你在这个行业获致成功。期待只能发挥一定的效果，然后就消散得无影无踪，动机也不见了。为了留在这个行业里，面对损失而愿意坚持下去，即使犯错仍然愿意交易，即使负债仍然愿意承受，你需要一些更甚于期待的东西。为了取得真正的成功，必须充满工作热情，热爱自己的所作所为。布莱恩•温特华拉德非常明确地表达了这方面的看法。

“我告诉这里的交易员，早晨起床之后，如果不想进来工作，那你就进错行了。我从来不会不想进办公室，甚至愿意取消假日，这是一个神奇、美妙的地方。”

“每个人都希望追求某些东西，某种你真正想要的，不可能只是钱而已。如果你三餐不继，当然会为了赚钱而赚钱。可是，你应该有更长远、更重要的目标。我认识很多人都缺乏这类目标，到处都是混日子的人。

“从目前回顾，我实在想不出还有其他的行业能够让我如此着迷。我喜欢与人们接触。如果我必须选择其他行业的话，可能是公共关系吧。我希望推销这家公司。”

所以，你如何更热爱你的工作？这里有一些技巧：

1．关于交易的所有层面，列出你喜欢的特质，专注其中。

2．列出交易的负面特质。是否能够想办法解决或减缓这些负面影响？举例来说，如果你痛恨钻研公司的财务报表，或许可以考虑技术分析，或订阅某些经过整理的研究报告，摘要解释公司的财务状况。

3．负面特质中是否存在一些正性的层面？

设定目标是增添工作趣味的另一种技巧，我准备在下一章讨论这方面的内容。可是，请注意，这些人为的技巧只有一定的效果。如果你对自己的工作缺乏自然的热忱，那就应该好好考虑自己为什么挑选这方面的工作，或许你应该从事其他的行业。

热情

布莱恩·温特华拉德回忆早期的工作情况时，我们从他的描述中可以充分体会出他对工作的那种热忱的投入。这是一种热情的极致表现：沉迷于种种细节中，甚至热爱最琐碎的例行工作，享受一些没有人会注意或已经忘掉的东西。布莱恩抬起双眼望着远处，这是一种唯有视而不见才能真正看见的美景。阿诺的一句话可以反映工作热忱对于成功的重要性：“即使一个人丧失一切而保留热忱，他还是能够再度成功的。”

“我还记得第一天走入场内的神奇感觉。举例来说，我走上台阶，看见一个大垃圾桶，上面烟雾缭绕，许多烟蒂燃烧着。进入场内之前，我们必须在此熄灭香烟。稍后，清洁工会过来清理垃圾桶。我们的帽子也摆在这里。我还记得在伦敦到处跑的奇妙感觉。

“事实上，我还记得一个叫作乔治•拉扎罗斯的人。他非常有个性。我不知道怎么形容，他交易一些矿产股，大声喊出买/卖价格。整个气氛实在太美妙了。最后，下午3：15是抽烟时间。我抽起烟来像烟囱一样。我现在已经不抽烟了。

“服务人员整天都需要进来洒水，保持场内的潮湿，否则灰尘很多。你不要看场内的地板是木质的，但灰尘很可怕。可是，你绝不会被这些水弄湿。另外，我还记得一个人，他大约每个月都会来证券交易所的公债交易厅。这个时候，所有场内的人都会大声唱：‘耶路撒冷’。不要问我为什么，我也搞不清楚，但实在很有趣。

“有一天，当我在某个投资俱乐部发表演讲时，气氛有点感伤。我对他们说：‘我今天晚上站在这里，回想起交易生涯中的某个阶段，我曾经是整个证券交易所场内最年轻的人，但现在我是这群人当中年纪最大的人。’所以，这是一段漫长而美好的岁月，一段美好的时光，我非常愿意重新来过。我很想再重温这段经历。关于我的事业，绝对没有丝毫的遗憾。这是最美妙的生涯，我没有任何遗憾。哦，或许有一个小小的遗憾，当我第一天来到这里，我没有到伦敦市走走，拍张照片，我到证券交易所工作的第一天竟然没有拍照。这些小细节让我感觉很棒。”

布莱恩对于工作的热情也延伸到了个人生活中。他有难以满足的读书欲望，这也是一种享乐。

> 我想，你应该尽可能在心灵中填进许多东西。

“我什么东西都读。有许多期刊非常有趣。我想，你应该尽可能在心灵中填进许多东西。有许多很棒的杂志。每当我外出旅行的时候，总是会带一堆杂志。所以在旅程中，我成为大家觉得厌烦的对象。”

你是否真的想要从事交易

布莱恩·温特华拉德显然是积极心态的受益者。每位交易者都难免会遭逢困境，这时候，唯有自身的心态才能协助我们渡过难关。如果你不觉得交易有趣，就不太可能成功。缺乏对于交易的热爱，就会在冷清的行情中觉得无聊，过度交易。如果不能体会交易的趣味，面对亏损就会丧失斗志而放弃。你可能平白浪费时间与金钱，甚至不能全身而退。所以，扪心自问：

“你是否真的想要从事交易？你必须老实面对自己。你是否希望承担压力？若是如此，那你就必须摆正自身的位置。提出每项问题。如果不提出问题，你永远会落后一步。不要害怕自己一无所知，因为还没有学习之前，大家都一无所知。你可以搜集资料，取得模型。我经常到伦敦商学院讲课，告诉他们，这些模型都很棒，但实际上没有什么用。当你踏入市场，一切都不同了。

> 不要害怕自己一无所知，因为还没有学习之前，大家都一无所知。

“在我们的公债往来业务中，我对一位年轻人印象深刻。他知道我在注意他，于是要求安排面谈。他显然是一个相当不错的候选者，所以我们录用他。他原本在一家大型公司工作，手下有许多人。他说：

‘突然之间，我发现自己早上不想起床，不想进办公室。我赚了不少钱，但全无生活品质可言。’

“他追求的是生活品质。他仍然赚很多钱，或许比不上其他地方的收入，但他现在做着真正想做的事。他希望身处一个让自己觉得满意与快乐的地方。从某种角度来说，这也是我们的写照。我们或许微不足道，但我们尽可能尝试。”

一些支持力量必定都有所作用

我们可能专注于某笔交易或某个消息，结果出现见树不见林的问题。在心无旁骛的情况下，我们更能享受交易与提升绩效。所以，我们往往需要外来的协助。

“我与妻子已经相处40年。她偶尔必须忍受我的高峰与低谷。我始终把她视为最大的支柱，因为她不是很了解这个行业。这使得我可以找到发泄的对象。如果我持有一个庞大的仓位，回家之后总是可以对她发牢骚，这通常不会引起太大的争论，因为她不在这个行业里。所以这些年来，她始终是我最大的安慰。我是你见过最幸运的家伙。”

辛勤工作

交易需要辛勤的工作，成功来自专注与决心。如同大企业家唐纳·金宝说的：“成功绝不会发生在辛勤工作之前，除了在字典里面。”还有一句古老的格言：“必须做家庭作业。”我们都记得，完成家庭作业必须面对许多诱惑——与朋友外出、约会、游戏或休息。缺乏充分的研究，不论技术分析或基本面分析，没有掌握信息，这都会影响交易绩效，你只能靠运气赚钱。如果你不是已经很富有，我想你不能仰赖运气。布莱恩解释了工作精神的重要性。

“清晨起床，5：30出门工作，这当然不简单。你没有多余的时间，经不起任何浪费。晚上的课程也很辛苦，我们下午6：00结束工作，9：00结束晚间课程。现在，我们让交易员有时间上课。我不催促，我只要进步。

“当然，对于与我同一代的人来说，我相信他们绝不会取消假日的活动，我不认为他们曾经有过这种念头。对于他们，晚上观赏足球赛远较加班工作来得重要。我想，这是个人优先级的问题。

“在我们的盘房里，经纪人完全熟悉他们的股票，掌握所有的背景，知道何时公布新消息。他们都会做家庭作业，与其他的经纪人或交易员讨论，取得他们希望知道的所有信息。因为当他们实际买卖股票的时候，绝对没有时间思考‘我应该买进这个还是那个’。他们必须仰赖所有这些信息来买卖。这是一个瞬间变动的实时市场。”

如果在交易过程中你并没有辛勤地工作，或许应该考虑布莱恩对待工作的态度，稍微修正一下自己的优先级。你也应该问自己，你究竟想要什么。

你是否渴望成功

如果你的野心不大，确实可以在这个行业里混日子，但真正的成功需要渴望的追求。野心——希望交易效果更好、规模更大——有了对工作的热忱，才可以到达成功的巅峰。

“我们在社会各阶层招募人员。可是，我们是证券交易所内唯一不招募硕士与博士的单位，没有什么特殊的理由，除了我们认为这些硕士或博士缺乏追求成功的渴望。他们今天或许有成功的渴求，但改天就没有了，因为他们认为自己应该站在某个台阶，而且一切都已经安排好了。他们不是那种街头混混型的。

“我认为，伟大的交易员是天生的，不是后天培养的。这也是为什么伦敦金融市场的好手很多都是来自东区的中下阶层。他们的反应灵敏，数字观念强、没有什么特殊的目标，只是愿意打拼赚钱，有些人甚至是工作狂。这并不意味着你不能模仿某人。可是，成功者不是被塑造出来的。我很怀疑，模仿者是否能够爬到顶端。这有点像音乐家。当然，我们每个人都天生具备一些长处，只是要找出这些长处是什么。

“这些年来，我们用了很多人，出身背景各不相同。举例来说，我们有一位交易员——现在是我儿子的老板(马丁•伯顿)——他是我们一位资深合伙人在修车厂找来的，当时是加油小弟。

“胸中必须怀着渴求的火花。不是我夸口，如果我到别家公司，现在可能是千万富翁。我不是说目前的情况很差，但我原本可以是千万富翁。我的一些同事50岁就退休了，但我不想这么做。我不想在大机构里负责一些小事情，我希望主持自己的事业，成就不需要在我的名下完成，但必须通过我的能力来完成。我不想跟着大家一窝蜂引动。这或许正确，或许错误，但我很满意自己决定做的一切，也很满意自己做的方式。我没有任何遗憾。

“我很乐意负责这家公司，很高兴这群人在我身边。我认为你确实需要那种火花。可是，你只能有这么多酋长，你必须拥有许多战

> 胸中必须怀着渴求的火花。

士，而且都骁勇善战。

“看着公司里的交易员，我经常会想：这家伙相当不错，应该会成功。他做得很好，但为什么不想爬到顶端呢？他为什么不想取代我的位置呢？为什么？我不知道。他的收入很不错，还很年轻，能够掌握市场的脉搏。然后，他结婚生子，突然之间，那种渴望点燃世界的火花熄灭了，热情不复存在。结婚确实会让你成熟，因为突然之间，孩子学费的重要性会超过你自己拥有一座城堡的欲望。

你只能有这么多酋长，你必须拥有许多战士，而且都骁勇善战。

“所以，我想成功的人就是较一般人多一些冲劲。他们愿意冒险。当然，他们也可能因此而跌得鼻青脸肿。可是，有时候，尤其在这个行业里，他们会想着我已经拥有这一切，我是不是真的想要再向前一步？许多公司都经常发生类似的情况。你就是需要再挺进一步的欲望。就是因为他们不愿意向前冲，所以很多公司出现空降部队。”

当然，如果你愿意接受平凡，布莱恩·温特华拉德并不是说你非要有冲劲才能享有快乐的人生。如同他所说：“我经常想着，那个鞋子销售员真是进对了行，因为他很快乐。”不论在交易或任何其他领域，那些站在顶端的人都希望站在顶端。成功不是自燃，不会自然发生。聋盲作家海伦·凯勒曾经提到一个类似于布莱恩的观点：“安全感基本上是一种迷信。长期来说，避开危险不会比直接承担风险更安全。生命是大胆冒险或空无一物。”

身为交易者，不论专业或业余，不论场内或场外，你都必须与全球大型银行的最佳交易员竞争。你必须问自己，你的优势究竟在哪里？你如何与这群专业交易员争食，他们受过完整的训练，享有完善的后勤支持，支领高薪而专注于市场？你的胸中需要燃起向前冲一步的火花，即使非常疲惫，还是必须读完最后一份报告、读所有的交易相关资料。专注于某个领域，如公用事业股票，尝试成为这个领域的专家。如此一来，交易的胜算才会稍微高一点。你必须假定竞争对手都知道这个领域内的所有信息。最后，你必须问自己："交易是我的一种休闲嗜好，还是说我必须爬到顶端？"布莱恩的交易生涯就是这方面的见证。

"事实上，当我顺着梯子向上爬的时候，有一阵子觉得很快乐而满足。我喜欢公司的同事。在比斯古德期间，我有两个好朋友，我们无所不谈，经常一起外出喝酒，虽然我们各做各的工作，但彼此都不想让对方觉得不舒服。可是，你毕竟还是不同，你毕竟不能永远过着虚无缥缈的生活。最后，我不希望每天晚上跟他们一起喝酒，我不希望做他们做的事情。我决定做一些不同的事，虽然我不想让他们觉得不舒服。

"我想，我终于拿起自己的地图，他们对于手头上没有地图也很快乐，然后我成为公司的董事。显然，我希望成为总经理，他们或许也希望成为总经理，但没有奋力一搏的决心，所以我成了总经理。我希望不同的人生，希望自己有权力在公司的重要文件上盖上戳记，我确实办到了。我与董事长相处得很好，我们成为共同的总经理。然后，我们并入国民西敏寺银行（我们决定每个人的未来，如果你高兴这么说的话），我觉得自己对手下负着很大的责任。我是说我签名同意这桩事，我们完成合并，我必须负责，而且我在这里显然不快乐。可是，我还是留了下来，因为我觉得自己必须对手下负责。某些董事离职之后，我从来没有跟他们联络，而且永远不会。因为他们必须对某些人的前途负责，然而事实上他们却伤害了这些人。

“最后，我还是离开了国民西敏寺银行。当我成立WINS的时候，就像完成一桩始终想做的事。我原本是国民西敏寺银行的执行董事，但最后还是决定继续向上爬升。可是，这个时候，我成为大缸中的小鱼——非常恐怖。

“我想，这是先天存在的素质——原本就存在你身上的东西。我父亲是一位相当有野心的人——经营几个事业。可是，我希望踏上自己的路。”

总之，布莱恩·温特华拉德在交易领域内的成功，主要是因为向前冲与向上爬的欲望。如同他所说的，最后回归到一个问题上：你究竟想要什么？交易与其他领域没有什么不同——成功需要努力与决心。

具备信心，接受打击

市场是一个竞争场所，你总是会受到打击的。专业交易员的压力可能来自同业竞争，业余交易员的压力可能来自仓位本身。不论压力来自何处，你必须具备毅力，继续战斗。你必须相信自己选对了行业，交易让你如鱼得水，如此才能鼓舞自己，坚持下去。

“你必须自信，否则什么也不是。你必须有敏锐的直觉。我很难解释那是什么，但我很早就知道自己擅长这一切。我充满自信。当我还是蓝扣级别的时候，老板都非常严格。毕竟我们都是在用他们的钱。他们不关注具体细节但苛求结果，所以你虽然希望成为经纪人，但还是觉得非常害怕。老天！目前的变化实在太大了。现在一些不满20岁的年轻人，他们希望明天就能够被授权从事交易，即使他们搞得一团糟，似乎也毫不在意，如果我们陷入相同的处境，就会有毁灭的感觉。

“如果只是蓝扣，你绝不允许查询价格，只可以传递消息。没有人把你放在眼里。他们叫你‘滚到一边’。老实说，我不觉得受到侮辱。我曾经入伍当兵。显然，有些人受不了这一切，不是因为他们没有能力，而是这个环境造成的压力。如同我说的，这些家伙都非常严厉，交易所里面都是一些讨厌鬼，绝对的浑蛋。就好像军队里一样，很多人受不了。

“一旦踏入圈内，就会有这种直觉。好比赌博一样，你观察赌注的形态，留意成交量的变动。如果你没有这种感觉，绝对是浪费时间。所以，你在场内闪躲穿梭，就必须仰赖这种直觉。我们等待正确的讯号，另外也必须确定自己掌握交易对象的一切资料。你很快就了解某些事件的发展与影响，就像你观赏电视或收听广播节目一样。你必须知道人们的临场思绪，才能捕捉那些没有准备的人。”你自信是因为你知道自己很棒，自信也有助于你敢与众人不同，持有跟他们相反的看法。你需要有自信与勇气，才能够站起来对抗大众，尤其大众可能是布莱恩•温特华拉德描述的恶劣浑蛋。

“这让我看起来像是精英主义者，但敢于对抗大众的勇气确实很重要。我不乐于忍受愚蠢的人。我不愿对人磕头，我永远讲出心中的话。这偶尔会让人们小心我。我希望人们因此而尊敬我，不是害怕我。”

自行承担交易的责任

面对损失或困难的决策，交易者经常产生否认的心理，推卸交易的责任。成功交易员对于任何决策都愿意承担责任。正因为如此，他们才能专心采取必要的行动，解决随时可能发生的灾难。布莱恩·温特华拉德通过早期的一段经验阐明了这个观念。

“当我进行一笔真正的好交易时，才能实际彰显出这方面的意义。当时，你可以在下班后继续进行交易。老板已经回家了，但你还可以进行交易到下午5点或6点——如果你想要的话，整个晚上也可以。

“我记得某个晚上回家之后，手中持有英国汽车公司的一个好仓位。这是一个我从来没有经历过的庞大仓位。完成之后，我立刻觉得这不只是另一笔好交易，其中涉及可怕的隔夜风险，高达数百万英镑的金额。

“我当时想着，我是否应该默默承担这个风险，或是采取一些行动？最后，我决定：我应该告诉老板。我跑去找他，告诉他：‘我想我应该通知你，我今天晚上低价买进一些股票，虽然不特别担心这个仓位可能出差错，但其中涉及很大的风险。’他回答：‘按照你的判断，目前的情况如何？’‘我没有改变看法，这是很好的一笔交易，但风险实在很大。’他告诉我：‘我没有理由担心。’

“当然，隔天我们上班的时候，差错发生了。可是，纰漏不是非常严重，只是出了小差错。交易结束之后，我亏损了3万英镑。可是，老板并没有责怪我。他说：‘这是成长过程中必须学习的经

验，你必须了解，它们不只是好交易而已，它们涉及实际的钞票。'

“在此之前，我每天进行数百笔交易，但它们只是我认为合理的仓位，不代表真正的钞票。这个经验确实是一个教训。老板说：‘我们都会犯错，但你做了一件我们很满意的事，你确实告诉我们相关的风险。’他的说法让我觉得很受用，但我对于交易的观点也产生了一些变化，我更了解自己的责任。可是，现在的情况已经不同了。很多人进场豪赌，完全没有责任感。这种心态可能酿成大祸。我觉得自己让整个公司受到伤害，但现在的人根本不管这一套。”

如同布莱恩•温特华拉德所说的，身为交易员，我们对于自己与公司都有责任。如果情况发展得顺利，只有我们的生活受惠；万一发生差错，好几百位员工的生计都会受影响。

绝对不可偏爱某个仓位

布莱恩•温特华拉德指出，交易员绝不应该偏爱某只股票或某家公司。这类的偏爱或执着会妨碍你的判断，使你的交易决策受到一些不相关因素的影响。

“在WINS体系内，我们的交易柜台有2.5个人(每个人照顾两个柜台，第三个柜台由两个人共同照顾)。这2.5个人处理125家公司的股票；125家公司配置特定的资金，如果某位交易员超越资金限制，就会受到罚款，直接影响他们的绩效。

“我们可以清楚看见每件事，因为每件事都发生在实时市场。如果交易员超越参数的限制，就必须向董事报告。我告诉交易员：

把你自己看成二手车的交易商。停车场有125辆车。我不介意你把每辆车都加5加仑的油。但绝不能把任何一个油箱加满。因为你对于行情的了解绝不会超过市场。

> 不要告诉我，你知道这只股票的各个细节。你不可能知道。

不要告诉我，你知道这只股票的每个细节。你不可能知道。对于你来说，这些公司都是苹果与梨子，就是如此，不要爱上它们。绝不可对某家公司产生感情，因为明天可能就发生变化。事实上，我们不再让交易员拜访上市公司。我们派他们到市场上调查商誉，但不拜访公司，因为见面三分情，交易员可能受到情绪干扰。他们参观公司，看见产品，爱上某些产品，然后就忘了财务报表这种最基本的分析材料，我们不希望发生这种情况。”

亏损：最好及早认赔

每个交易员都知道，面对一个亏损的仓位，最大的诱惑就是听任仓位自然发展，不采取任何行动，希望仓位反败为胜，这是人性的自然反应。根据布莱恩·温特华拉德的经验显示，最好还是尽快认赔出场。一旦认赔，你会觉得豁然开朗，如此才能够重新拟定交易策略。

“这是一个竞争激烈的地方，每天都有重要的比赛，我必须在这个基础上评估我们手头上的股票，某些公司基于某些理由已经活得太久了。有一句话，最早认赔的损失，即是最佳的损失。如果某只亏损股票在仓位中停留一天以上，就把它砍掉。总之，最早认赔的损失，即是最佳的损失，因为这可以让你重新来过。

“让我举一个例子，昨天某只股票宣布了极差的财务报告，股价因此下跌了50%。我们手头上也有这只股票，我们付出了25000英镑的代价。可是，当我们开始交易之后，就不断砍、砍、砍。由于我们大量抛售，价格更进一步下滑。然后，当我们觉得差不多的时候，又开始买进。其他人还继续卖出，但我们已经开始买进。交易结束之后，我们把所有的损失都扳回来了。所以，我们的座右铭是‘最早认赔的损失，即是最佳的损失’。立即砍掉，重新来过，不要皱着眉头忍受。我经常告诉交易员：我们不是投资信托基金。”

最早认赔的损失，即是最佳的损失。

可是，交易员也可能砍掉一个原本可以反败为胜的仓位，不是吗？

“他不知道，也无须在意。为什么要在意呢？下一个机会又出现了。他不是投资信托基金。他不是在那里盘算股票的价值。他的工作是交易。这是金钱操作，你必须掌握这个重点。”

所以，对于布莱恩•温特华拉德而言，重点不是公司股票的理论价值，也不是目前价格是否会在将来到达理论价值。你的工作是关心目前的行情，然后进行交易。虽然布莱恩•温特华拉德讨论的对象是做市商，但任何交易者都不应该让短线仓位演变为长期投资，因为你当初不是如此打算。

这是金钱操作，你必须掌握这个重点。

一切以市场为准

布莱恩•温特华拉德认为，市场永远是对的，你没有必要与市场争论。当然，这并不代表你不能预测价格将来变动到另一个新水准。“一切以市场为准。我们所做的一切只是反映供需力量，运用我们的风险资本提供连续的双向报价。某只股票的报价是3～6美元，因为它就是3～6美元。如果你接到一笔大单子，客户准备在6买进10万股，你或许认为价格应该是5～7美元。可是，通常只要没有特殊的消息，报价是3～6美元，就是因为它是3～6美元。

“我们不考虑技术分析。举个例子，在伦敦证交所的场内，我们的位置刚好紧靠着德拉雀(Durlacher)，它们也是主要的做市商。每当重要报告公布的时候，内容都会显示在大屏幕上，每个人都看得见。不论你有没有特殊的背景或MBA学位，都必须马上解释报告的数据。解释的方法是采用正确的衡量标准。德拉雀的报价员都仰赖分析师或统计学家，他们都是有经验的专家。经过这些专家的研究之后，报价员才提供价格。我认为，这套方法没用，我们必须接生意。所以，我告诉我们的交易员，不要理会德拉雀怎么做。他们的客户必须等待，直到分析专家说：‘嗯，我想价格应该是……38。’我告诉我们的人，只要数据一出现，你就必须判断有利或不利，不要考虑别人怎么做。通过这种方式，我们的第一个报价可能错误，但第二个报价绝不会错。当我们提供报价的时候，他们的分析师还忙着扳指头。这就是我们做生意的方法。我们的原则很简单，让我们看看市场怎么说，让我们观察供需情况，把这一切转化为价格。”

你也可以利用市场来解释资料。

“我们一边研究数据一边想着：这对于股价绝对有利，即使发生最糟的情况。可是，市场正笼罩在大空头气氛下，大家都迫不及待想出场；所以，虽然数据很棒，价格还是下跌。当然，这只是短期的技术性现象。以柏克莱为例，它们的数据并不理想，但据说公司准备买回股票，所以股价涨了一两天，然后下跌。这也是我们赚钱的门路，交易量的来源。”

当资料公布的时候，你可能预期价格会受到影响。优秀交易员不会在真空状态评估一家公司，他们专注于资料对价格的影响，然后观察价格的反应。价格对资料的反应，才是解读资料意义的最重要因素。让市场告诉你，资料究竟具有多头还是空头上的意义。市场很少犯错。举例来说，英国航空公布年度报告，如果做市商认为数据相当不错，开始交易的时候通常会抬高价格。可是，如果这些信息已经预先反映在价格中，价格可能逐渐盘低，甚至以最低价收盘。市场的功能就是决定每天的行情。公司报告通常很难长时间影响股价。所以，一段时间之后，由于不能吸引玩家的兴趣，这些股票就会被忽略，相对于大型公司来说，这种现象在小型公司中更明显。由于缺乏交投的兴趣，每当公司公布新的利多资料，股价在未来几天之内，十有八九会下跌。

做市商把这些资料解释为利多消息，但股价在高档不断涌现卖压。做市商最初是站在买进的一方，随后他们必须想办法抛出这些筹码，所以只有压低价格吸引买盘。当新资料公布的时候，必须留意股价以高价开盘，然后逐渐下滑，几乎以最低价收盘。这通常都代表市场对于资料的看法。

交易战术：

☞ **如果赚钱是你从事交易的唯一目标，这通常不足以让你成功。**

- ☞ 你需要热爱交易，专注于你喜爱的交易层面，想办法降低交易让你嫌恶的成分。
- ☞ 扪心自问，交易是否是你真正想要的。
- ☞ 寻找一些你可以仰赖的人，听取他们的意见。
- ☞ 交易成功需要辛勤工作——绝不要认为交易很轻松。
- ☞ 务必保持自信心，如此才能够由失败中站起来。不要扯自己的后腿，因为很多人都想这么做。
- ☞ 交易者必须有责任感，对象包括自己与那些受到交易活动影响的人们。
- ☞ 绝不可对于任何仓位产生情绪性的执着。
- ☞ 亏损：最早认赔的损失，即是最佳的损失。
- ☞ 市场是公司资料的最佳解释者。

❖ 10 ❖

尼尔·韦恩特劳
Neal·Weintraub

"除非你能先掌握自己，
否则不可能掌握市场。"

讨论主题：

☞停止单

☞动机的重要性

☞交易目标

☞记录交易日志，提升交易绩效

☞健康与财富

☞交易者的类型

尼尔•韦恩特劳是场内交易员，也是场外计算机交易员。另外，韦恩特劳同时也是教育讲师与商品交易顾问。他是计算机化交易高级研究中心的创办人，该机构提供当日冲销与国际性避险的课程。他在迪保罗大学与芝加哥商业交易所(CME)担任讲师，也在芝加哥期货交易所(CBOT)负责介绍美国公债期权合约，他的学员来自世界各地，大多是交易所的专业人员与专业交易员。他也协助亚米茄研究中心解决种种难题。

《华尔街日报》曾经报道他的枢纽点交易技巧，交易刊物也经常引用他的评论。尼尔•韦恩特劳最近与交易风出版公司合作推出了“韦恩特劳短线交易员”软件，其中包括枢纽点分析技巧。他是下面两本书的作者：《韦恩特劳短线交易员》与《期货场内交易技巧》。他是美中商品交易所的会员，通过CBOT的戈登伯格和赫迈耶进行清算。他目前正在编写《芝加哥交易风格》，准备在1998年出版。

安排采访尼尔•韦恩特劳的过程中，我曾经到他的办公室、清算公司与健身俱乐部，甚至参加他在迪保罗大学为一群泰国学生举办的交易讲习会。一整天下来，我收集到很多信息，于是我们决定省略正式的访问。因此，本章的内容是根据当天发生的事件与尼尔给我的资料整理而成。另外，我也参考尼尔的著作《期货场内交易花招》，这是一本早该出版的书，场外交易者可以由此探究场内的操作情况。事实上，这本书已经第三次印刷了，而且翻译为德文与中文。

适当运用停止单

在《期货场内交易花招》一书中，尼尔•韦恩特劳阐述了停止单在各种不同场合的用途。很少有人真正掌握他阐述的所有内容。

通讯刊物提供的停止价位

发行交易通讯刊物是一个很赚钱的行业，所以这类刊物的数量这么多。建议交易仓位的过程中，大多数通讯刊物都会提供停止价位，让读者知道仓位应该在哪里出场。一般来说，停止价位都设定在最近的高价或低价附近。按照尼尔的描述，场内交易员都会阅读这些通讯刊物，记录停止价位。他们让办事员到图书馆内翻阅资料，记录这些停止价位。然后，场内交易员通过这些停止价位进场——而不是出场。

> 场内交易员通过这些停止价位进场——而不是出场。

运用停止单在下跌行情中进场

尼尔说明如何通过停止单进场。1966年7月20日上午7:43，9月德国马克合约创新高，有些交易员尝试捕捉高点而烫伤手指。当德国马克处在6823的价位，按照尼尔的判断，如果价格跌破6800的支撑，德国马克可能暴跌。于是，他在6803价位设定1手9月德国马克合约的停止卖单。结果，德国马克下跌，尼尔的单子在6800成交。行情继续下滑，尼尔在上午10:48进行回补，价格是6686。

利用停止单进场建立仓位，交易者必须注意几点：

- ❖ 只适用于价格波动剧烈的市场。
- ❖ 预期行情将发生突破走势。
- ❖ 停止单生效之后变为市价单，所以实际成交价格与停止价位之间可能出现几档的距离，取决于行情的波动程度。
- ❖ 必须特别留意变动快速的行情。

不采用止损

尼尔•韦恩特劳指出，在他的经验中，交易发生亏损的原因之一，是止损遭到触发之后，行情随后朝原先预期的方向发展。商业交易者往往不设定止损。尼尔认为，运用期权是模仿商业交易的方法之一。可是，他也提出警告，这是唯一允许不采用止损的时机。原则上来讲，当商业交易者买进期货合约，你买进call，当商业交易者做空期货，你买进put。

就这方面来说，期权优于期货，因为期货交易不只要判断正确的行情方向，而且要抓准进场价位(否则必须承担追缴保证金的风险)。购买期权不需要保证金，如果价格先朝不利方向发展而稍后回到预期方向，过程中不需要追缴保证金。所以，期权交易不太需要拿捏精确的进场点。

操纵止损

大型交易机构经常攻击场内交易员的买进报价，然后迫使他们回补。情景如下：

买进报价多少？(大型交易机构问场内交易员)

买进报价60，卖你10手，现在的买进报价多少？

买进报价55，卖你20手，现在的买进报价多少？

买进报价50，卖你30手，现在的买进报价多少？

买进报价45，卖你40手，现在的买进报价多少？

买进报价40，卖你50手，现在的买进报价多少？

所以，大型交易机构不断卖出。场内交易员被迫买进，行情持续下滑。现在，原本站在卖方的大型机构开始买进，买进报价45，然后买进报价50。那些在45与40卖出的场内交易员开始恐慌，急着想出场。同时，计算机屏幕上显示股价暴跌走势可能引发你的卖出讯号。这种巨幅起落的行情把你震荡出场，让你在场外干瞪眼。

动机的重要性

交易新手经常忽略动机的重要性。由于动机会诱发与指导行为，所以经常被形容为通向目标的诱因。目标是什么？动机是为什么？相对于缺乏动机来说，不知道自己缺乏动机更糟糕。后一种情况下，我们已经踏上毫无心理准备的毁灭之路，因为我们不知道自己缺乏到达目的地的某些必需品。

在交易过程中，如果我们知道自己的动机，就比较可能发展一套适用的交易系统。举例来说，如果你偏爱长期投资而采用短线交易系统，那么动机就会发生问题。你的动机显示你希望进行的交易类型，交易系统则显示你应该进行的交易内容，两者可能匹配或不匹配。

相对于缺乏动机来说，不知道自己缺乏动机更糟糕。

首先需要处理一个问题：你是否知道自己从事交易与持续进行交易的动机？把答案记录下来，你往后需要它们。某些人的交易动机是希望控制自己的命运，想要掌握自主权。这些人对于稳定的就业机会不感兴趣。自我塑造是另一种常见的交易动机。大多数交易者都完全仰赖自己的力量获得成功，还有一些人的交易动机是赚钱，这些人都追求自己与他人的认同。

目标

目标的重要性

动机与目标相互配合。动机是引擎，目标是目的地。没有目标，动机就不存在：没有动机，目标也不能存在。两者相辅相成，缺一不可。

设定目标可以提供交易的方向。汤姆•卡普兰说过：“如果你能够区别移动与方向，就已经克服成功路上的大部分障碍。”设定一系列的目标，交易者就有专注的对象。除了树林外，我们也看得见具体的树。因此，专注可以提供更具建设性的行为，避免浪费时间与精力。

在任何计划中，设定目标是第一步骤，我们首先必须知道自己想要到哪里。然后，我们才考虑如何到达那里。设定目标也可以降低忧虑，因为我们知道自己的方向。

当我们开始达成某些目标之后，就会产生自信的积极心态。本书采访的每位杰出交易员都重复强调，自信是交易成功的必要特质。

设定交易目标需要考虑这些问题：

❖ 首先考虑先前写下来的动机。就像尼尔在《期货场内交易花招》中说的“除非你能够掌握自己，否则不可能掌握市场。”

❖ 考虑你的最终目标是什么。

❖ 考虑哪些东西妨碍你达成目标。

> 我们首先必须知道自己想要到哪里。然后，我们才考虑如何到达那里。

❖ 你认为达成目标需要支付多少代价，你是否愿意支付这个代价。

这些问题的答案可以协助你设定目标。

如何设定交易目标

为了充分发挥功能，交易目标需要具备一些特质：

(1) 内容明确。目标必须非常清楚。如果目标内容过于含糊，你很难专注。

(2) 可以衡量。换言之，目标除了“质”之外，还需要有“量”。如果你不能衡量自己进步的程度，就会丧失动机。同理，如果你不能衡量自己没有进步的程度，就不能专注于必须改进的领域。把目标设定为赚很多钱，这不是一种能够提升动机的目标。另外，目标也不应该全有或全无。你应该设定乐观、实际与需要改进的目标。

(3) 目标需要摆在时间架构内。一个没有时间衡量基准的目标，很难提供足够的动机，因为永远有明天或明年。时间架构告诉你什么时候出发，你的速度需要多快。另外，交易目标也应该分为短期(每天)、中期与长期。将整个过程划分为几段，分别设定中途目标，如此有助于你达到最终的目的。达成中途目标的成就感，可以鼓舞你继续前进。

> 把目标设定为赚很多钱，这不是一种能够提升动机的目标。

(4) 交易目标应该切合实际。这是最常见的一种错误。如果你从来没有接触期权，那么最初目标应该是读一些有关期权内容、交易与策略的书籍。如果目标不切合实际，势必产生挫折感与愤怒，乃至丧失动机。

(5)交易目标应该尽可能设定在自己能够控制的范围内。如果需要仰赖别人的赠予，达成目标的可能性就较低。

(6)从正面的角度设定目标。换言之，目标不应该设定为你希望避免的状况。举例来说，“亏损仓位不得加码”应该改为“每笔交易的风险不得超过1000美元或交易资本的3%”。

(7)目标应该具备绩效与成果的取向。绩效目标关系着成功，借以衡量交易技巧的进步程度。成果目标关系着特定的获利。

(8)为了避免大量目标造成手足无措的可能性，应该把目标分门别类，设定优先级。换言之，将目标归纳为几个类别。

(9)把目标留在手边。不要记录下来之后就归档。把它们挂在每天都看得见的地方，但不要让它们成为毫无意义的标语。

追踪目标的进度

目标需要经常追踪评估。调整不合理的目标。如果某个目标根本无法达成，就需要调整。如果某些目标太过容易，就需要向上修正。你必须成为自己的最佳训练师，但还是必须切合实际。不可能每笔交易都赚钱。

交易日志

交易日志的重要性

交易者经常问我一个问题：如何改善交易技巧？最简单的一个办法就是记录交易日志。记录交易的所有相关资料与经验。没有交易日志，势必浪费许多宝贵的经验，很可能让你重蹈覆辙。就这方面来说，交易日志是一种资金与风险管理工具。了解交易的问题所在，才能解决它们。所以，把交易日志也设定为一种目标。

交易日志的内容

(1)书写一份交易目标，记录进展情况。

(2)每笔交易的详细资料。从分析一只股票开始，直到你卖出股票为止，写下每个关键时刻的感觉，记录每个行动的前因后果。你可以利用本书的内容评估交易记录。举例来说，当价格逼近止损点的时候，你有什么感觉？

(3)对于自己的行为，写下哪些让你觉得很棒，哪些让你觉得不自在？

记住，交易日志的记录必须清晰易读，因为日后还需要翻阅。

全方位交易者

优秀的专业交易员通常不会截断交易活动与日常生活之间的关联，这是他们与业余交易者的最大差别之一。他们要求整个生活的每个层面都相互支持、彼此协调。就这方面而言，尼尔·韦恩特劳认为，健康与压力管理很重要。

压力管理

压力可能协助或妨碍交易，取决于你如何反应压力的状况。你是否把它们视为挑战、学习经验或大展身手的机会？压力是否让你觉得受困、束手无策或失去控制？

下面这些问题的答案可以提供一些概念，让你感受交易压力之下的可能反应。这方面的知识可以让你避免压力的不良后果，提升交易技巧。

(1)你的个人生活是否受到交易经验的影响？

(2)你是否经常想到失败的问题？

(3)你的情绪是否随着交易绩效起伏？

(4)你是否希望完全改变交易系统？

(5)你是否发现自己很难专注？

(6)你是否发现自己很难暂停交易？

(7)你是否疏忽自己的交易系统？

(8)别人说话的时候，你是否会听到？

(9)你是否变得比较容易健忘？

(10)你是否总是觉得疲惫、想睡觉？

降低交易压力

这些问题的答案可以显示你承受的压力程度。你需要处理压力，降低压力。我们有一些建议——请注意，这是你通向交易成功的路径。

(1)饮食。考虑平衡而低热量的饮食，用餐时间必须有规律，避免刺激性食物或含咖啡因的饮料。

(2)每个星期至少运动三次。运动过程中分泌的化学物质可以降低压力。另外，生理状态理想的人比较容易应付压力。

(3)学习打坐、瑜伽或单纯的放松。

(4)记录交易日志，包括目标在内(参考前文)。

(5)建立支持网络——朋友与家人。

(6)偶尔做一些其他的事——摆脱例行的生活方式。举例来说，到不同的地方吃午餐。

(7)每个晚上至少需要6～8小时的睡眠。如果你难以入睡，可以安排9小时的时间，即使没有立即睡着，仍然至少有6小时的睡眠。

(8)从你的交易日志中，寻找压力的来源。交易规模是否太大？管理的仓位数量是否太多？若是如此，想办法让自己回到舒适界限内，降低交易规模或减少未平仓的仓位的数量。

如同完成任何目标一样，降低压力也需要付出代价。降低压力需要花费时间与耐心，但这也可以用来增进你的交易绩效。你正在作战，对象是那些妨碍交易绩效的东西。最后，请记住大哲学家、心理学家威廉·詹姆士的一段话：

在万物之中，唯有人类可以改变自己的模式，唯有人类可以主宰自己的命运。我们这一代的最伟大发现是：通过内在心态的改变，人类也可以改变生活的外在层面。

《实用主义》重印于1991年

健康与财富

在我拜访芝加哥的旅程中，尼尔·韦恩特劳带我参观东岸健康俱乐部。如同尼尔在他的书中所说的：

在你钻进交易心理层次而责怪自己缺乏自律精神之前，先制定某种训练计划。大多数情绪性决策都源于交易者缺乏睡眠。在这种情况下，他们经常拟定非理性的决策，破坏一套理想的交易计划。如果暴饮暴食是你庆祝交易顺利的方法，隔天可能是一场灾难。

任何讲习会供应鸡尾酒、比萨或高胆固醇的食物，显然不知道营养与交易之间的重要关联。我们的讲习会经常建议学员参观芝加哥东岸健康俱乐部。事实上，我们的很多讲习会都是在这里举办的。不妨看看那些最成功与杰出的交易员，他们看起来都很健康。

如果暴饮暴食是你庆祝交易顺利的方法，隔天可能是一场灾难。

交易者的类型

交易者有许多不同的类型。了解各种类型的特质，或许有助于你规避一些陷阱。

自律的交易者

这是最理想的交易者。你坦然接受损失与获利。你专注于交易系统，非常自律地遵从系统的指示。交易通常是一种轻松的活动。你了解亏损并不代表失败。

怀疑者

你很难执行系统的讯号。你怀疑自己的能力。你需要培养自信，从事一些纸上仿真操作。

怨天尤人

所有的亏损都是别人的错。你责怪撮合价格不理想，责怪经纪人接电话的速度太慢，责怪交易系统不够完美。你需要培养客观判断的能力与自我负责的态度。

牺牲者

你责怪自己，认为市场打算惩罚你。你开始对于交易产生迷信的感觉。

乐观主义者

你认为“只不过是钱而已，我稍后就会捞回来”。你认为任何损失都会转亏为盈，或明天的交易一定会恢复正常。

赌徒

你要的是那种刺激的感觉，钱不是重点所在。你从来不考虑交易的风险 / 报酬关系。你希望上桌，感受刺激与兴奋。

胆怯者

每进行一笔交易，只要稍有获利就忙着获利了结。你害怕按照法则进行交易。

你是否在交易日志中察觉这些特质？若是如此，那就需要专注于动机与目标。秉持着交易目标，务必让任何行为都尽可能排除前述的陷阱。举例来说，如果你发现自己属于胆怯的交易者，就应该设定一个目标：唯有交易系统发出平仓讯号，你才会结束仓位。如果你发现自己经常怨天尤人，应该把每天的目标设定为：专注于自己的交易行为，完全按照交易系统处理仓位。

一些最后的建议

当我与尼尔·韦恩特劳交谈时，偶然发现他的桌上摆着一本诗集，我也有一本相同的诗集，我们都从其中得到一些交易的启示。尼尔请我把下列的一段诗文纳入本章的内容中，希望与大家共勉。

如果所有的人都迷失了，责怪你，但如果你还保持清醒，
当所有的人都怀疑你的时候，但如果你还能信赖自己，
并且还能够包容他们的怀疑；
如果你能够等待，而且不会丧失等待的耐性，
或者，人们对你说谎，你不会以谎话对应，
或者，人们憎恨你，你不会以憎恨回报，
而且你说话不会太善良，也不会太明智；

如果你能够梦想——但不会让梦想成为你的主宰；
如果你能够思考——但不会让思绪成为你的目标；
如果你能够遇到胜利与灾难，
但把这两个骗子视为相同；
如果你能够忍受自己所说的真理，
被一些恶棍强迫编织愚人的陷阱，
或者，看着你一生苦心经营的东西破碎，
弯下身捡起老旧的工具重新创造；

如果你能够聚集所有的赌注，
让它们在一场赌局中承担风险，

损失之后，重新开始，
而且对自己的损失默默无语；
如果你能够迫使你的心智与精力，
追求自己的目标，虽然它们早已不复存在，
坚持下去，即使没有任何希望。
除了意志告诉它们：坚持下去！

如果你能够与众人交谈，但保持你的美德，
或者，你与国王同行——仍然了解民间疾苦；
如果仇敌与好友都不能伤害你，
如果所有的人都仰赖你，但不会仰赖太多；
如果你能够付出不可容忍的一分钟，
以六十秒的时间奔驰，
你就是世界，涵盖一切，
而且——更重要的——你是人，我儿！

《吉普林》，1910年，重印于1991年。

交易战术：

☞ **把通讯刊物上的止损点视为可能的进场点而不是出场点。**

☞ **一旦价格跌破支撑，可以利用停止卖单建立空头仓位。**

☞ **如果交易仓位不打算设定止损，期权是一种适当的交易工具。**

☞ **列出你的交易动机。**

☞ **为了成功，你必须有交易目标。**

☞ 设定交易目标，思考交易动机，以及建成目标所需要的一切。

☞ 交易目标必须具备一些特质：内容明确；摆在时间架构内；切合实际；建设性的格式；安排优先级。

☞ 把目标清单保留在手边，熟记它们。

☞ 把交易经验记录在交易日志中，随时翻阅。

☞ 辨识压力的原因，承诺自己消除它们。

☞ 安排规律的运动计划，生理健康确实会影响交易。

结 论

本章准备提供一个摘要性总结，涵盖书中受访者不断强调的重要概念。当然，这并不是本书的浓缩版本，包括受访者提出的每种意见——如此显然是无谓的重复，对于这些意见也不公道。为了让本章发挥最大的功能，我建议你配合每章摘要内容阅读本章。

虽然每位受访者都来自不同领域，运用不同时间架构与金融产品来反映他们的交易观念，但还是有一些共通的特质。你阅读本书的最重要心得，应该是杰出交易员对于市场的态度，以及他们的角色与市场之间的关系。下列每一节都凸显这种态度的部分内容。

选择交易

安心

每进行一笔交易，你都应该清楚建立仓位的理由。你应该充分了解自己预期的发展，如此才能对于该交易与仓位觉得舒适。许多受访者都提到交易过程的舒适感觉与自我协调。如果你觉得仓位的风险太高或规模太大，一定会觉得不舒适。如果你觉得不安心，就不要进行交易。交易计划是安心进行交易的必要前提，这是最根本的交易观念。

计划

杰出交易员通常都会挑选交易的“扳机与标的”。他们不会临时起意。计划绝对是交易成功的关键因子，即使是场内交易员需要立即针对行情反应，还是需要有“如果……则……”的明确情节分析。他们事先考虑所有的可能发展与因应对策。所以，交易计划可以降低压力，提高信心，让交易者觉得放心，最主要的效果是清晰的思绪与自律规范。另外，交易计划也可以排除无用的期待心理，让交易者专注于仓位建立的根本理由。

交易风格

由于“舒适”是处理交易的胜负关键之一，交易风格必须符合自己的个性。这可能造成多方面的影响：交易工具(期权、期货或股票)、分析方法(技术分析或基本分析)、交易方法(价差交易或单纯的方向性仓位)与时间架构(长期投资或短线交易)。如果交易者对于自己的系统觉得舒适，成功的机会也比较大。

处理未平仓的仓位

此处的关键是诚实对待自己。你必须了解，欺骗自己是人类的天性之一。你应该忘掉仓位的既有获利或亏损，尝试排除情绪成分，尽可能保持客观与中性的立场。你只能根据合理的预期发展处理未平仓仓位，不能有期待的心理。许多受访者都讨论如何达到这类的巧妙平衡，尤其是伯纳•欧佩。

风险

耐心

杰出交易员都嫌恶风险，他们耐心等待最有利的风险/报酬关系。如同比尔•李普修兹说的，“如果交易员能够减少50%的交易次数，通常都可以赚更多的钱”。个人交易员更能耐心等待这类机会，因为没有人会强迫他们经常留在市场内。

杰出交易员都很有耐心，因为他们不担心错失机会。这是一种非常重要的心态——机会永远都存在。这种认知让他们安心留在场外，也让他们坦然认赔，更不担心结束一个原本可以获利的仓位。

资金

交易资金的来源可能影响操作风格，尤其是在承担风险的程度上。所以，取得更多交易资金之前，务必评估这方面的互动关系。

运气

为了降低风险，交易员设法提升自己控制风险的能力，这就是运气扮演的角色。杰出交易员会把自己摆在一个能够迎来好运的位置。举例来说，尽量提高自己的胜算，虽然未来的发展必然涉及运气的成分，但你必须站在一个有利的位置。

大卫•凯特与比尔•李普修兹都强调一点，每年只有少数几笔交易能够创造重大获利。当他们感觉某个仓位具有极高的获利潜能，就会“扯足幸运的风帆”，扩大仓位规模，不要过早结束仓位。在这种情况下，他们有胆量押下庞大的赌注。

渐进的交易

杰出交易者采用渐进的交易手法，慢慢累积获利——不要贸然承担风险，不要尝试挥出全垒打。他们理解，明天仍然能够进场交易的重要性，远超过今天的获利。因此，他们绝不允许连续亏损迫使自己退出市场。

舒适界限

杰出交易员会把风险设定在自己的“舒适界限”内。如果发现风险太高，他们会缩小仓位规模或采用价差交易。唯有留在舒适界限内，思绪才会清晰，决策才会客观，交易绩效也会因此而提升。

损失

承认错误

杰出交易员不怕承认错误。承认错误无损于自我或自尊。他们知道，判断错误是交易过程中必然发生的现象。比尔·李普修兹指出，如果外汇交易有20%的成功率，那他就非常幸运了。他永远准备接受自己判断错误的可能性。这也是交易者必须具备自信心的缘故：继续奋战，创造获利。

接受损失与承认错误是必要的心态，因为这属于不可避免的事情。杰出交易员了解，为了获利，就必须认赔。亏损不代表失败，这是通向成功之途的必要步骤。他们也把认赔视为一种收获。认赔缓解情绪压力，允许他们专注于未来的交易。换言之，透过认赔而重新取得清晰的思考与专注能力。事实上，许多受访者都提到如何从亏损中学习。菲尔•弗林甚至说“学习如何热爱小额亏损”。

责任感

对于任何的错误，杰出交易员都愿意承担全部的责任。他们不会寻找借口或归咎他人。因此，他们不会否认损失。即使是依据汇整的信息，他们也愿意对最后的决策负责，承担所有的后果。他们承认损失，然后继续前进。

出场

杰出交易员会预先规划他们准备接受的损失，计划虽然可以调整，但他们有坚决的自律精神在预定的止损价位出场。这方面完全没有期待、祷告或讨价还价的余地，只有客观与诚实。

对于伯纳•欧佩来说，如果预期发生的事件没有发生，或预期发生的事情已经发生(扳机)，他就出场。对于比尔•李普修兹来说，如果亏损超过他愿意接受的程度，他就出场。换言之，出场位置取决于某个痛苦水准，一旦痛苦程度超过这个水准，也代表自己踏出舒适界限。

恐惧

在某种程度内，害怕亏损有助于交易者避免发生亏损。这种恐惧感可以提高交易者的戒心，消除傲慢的心理。可是，过于害怕也会影响判断，甚至造成彻底的瘫痪。优秀交易员能够在两者之间维持巧妙的平衡，一方面因为他们知道亏损是交易的一部分，另一方面因为他们知道永远还有机会。

导师

许多交易员都提到，他们的交易生涯受到某些导师的影响。如果你找不到适当的导师，还是可以尝试其他的替代方式：杂志、网站或通讯刊物。适当的导师需要有类似的交易心理与风格。

特质

热忱

杰出交易员热爱交易与市场的每个方面，他们热爱自己的工作，热忱的态度让他们占尽优势。如果你对交易缺乏热忱，胜算自然会减少。可是，他们的热忱或动机并不是来自金钱本身，金钱只是一种副产品。他们知道，金钱绝不足以创造伟大的成就。交易员必须有非凡的专注能力，执着于手头上的工作。比尔•李普修兹把这种热忱称为“疯狂的专注”。对于旁观者而言，全然不可理解。如同布莱恩•温特华拉德指出的，永无止境的热忱。因此，他们不觉得交易是一种工作。

自我分析

杰出交易员都具备自我分析与反省的能力。在仓位建立之前或之后，他们会考虑自己对交易每个层面的态度、行为及其绩效。

毅力

许多受访者(例如,琼·纳迦里恩与布莱恩·温特华拉德)都具备非凡的毅力，得以克服交易路途上的最初障碍。伟大交易员绝对“不放弃”。

全方位

访问这些杰出交易员的过程中，我有一个意外的发现，但事后回想起来也蛮合理的：他们都把交易视为整体生活的一部分。整体生活相互协调，显然有助于交易绩效。生活中其他领域内的压力可能延伸到交易活动。所以，他们尽量保持心理与生理的健康，降低压力，妥善管理其他优先事务，例如，家庭与儿女，避免失去平衡。

❖附录1❖

期权基本概念

何谓期权

期权是买卖双方之间签订的合约，买方又称为持有者(holder)，卖方又称为销售者(writer)。期权基本上有两种类型：买进期权(call option)与卖出期权(put option)[①]。买进期权(call)的持有者在特定期间之内(称为执行期间，即exercise period)，有权利——但没有义务——根据固定价格(称为执行价格，即exercise price，或称为履约价格，即strike price)向销售者买进固定数量的标的证券(underlying security)。

以英国市场为例，价格67便士的1张柏克莱银行7月1100 calls，这个期权的持有者有权利在7月的某特定到期日之前，随时以1100p的价格从卖家那里买进1000股的柏克莱银行股票。为了取得这个权利，持有者必须支付期权价格为670英镑。请注意，美国市场的挂牌期权，每张合约代表100股标的股票，英国则是1000股。

---

①译按：为了避免混淆，译文中经常直接引用原文call与put分别代表买进期权与卖出期权。

对于call的持有者来说，在期权到期之前，他随时可以根据某固定价格买进标的股票，然后在市场上卖出股票，赚取其中的差价(这当然必须假定标的股票的市场价格高于期权合约的履约价格)。在前述的例子中，如果期权在7月到期的时候，柏克莱银行的股价为1200，持有人可以执行call，取得1000股(成本为11英镑×1000股)，然后根据股票市价每股12英镑卖出，赚取每股差价1英镑。所以，call 的持有者希望标的股票价格上涨。

对于期权的卖方或销售者来说，只要持有者执行call，他就有义务根据每股11英镑的价格卖出1000股柏克莱银行股票。销售者希望赚取权利金(premium，换言之，期权本身的价格)，但不希望买方执行期权而迫使他交割股票。所以，call的销售者通常不希望标的股价上涨超过履约价格，否则他就必须按照履约价格卖出股票(只要买方执行call，标的股票的市价必定高于履约价格)。就目前这个例子来说，买方执行call，销售者必须按照11英镑卖出股票，但股票的市价为12英镑。因此，call销售者不希望标的股价上涨。

同理，卖出期权(put)的持有者在特定期间之内，有权利——但没有义务——根据固定价格卖出固定数量的标的证券给销售者。

大多数人都是从事挂牌期权(traded options)的交易。换言之，持有人可以在公开市场把期权转卖给其他人，销售者也可以买回先前销售的期权。

期权如何定价，如何获利

期权的买卖价格称为权利金(premium)。在前述的例子中，call 的(每股)价格为67便士，有点像保证金。期权权利金由两部分构成：内含价值(intrinsic value)与时间价值(time value)。

内含价值

call的内含价值为标的证券价格高于期权履约价格的部分(如果标的证券价格等于或低于履约价格，内含价值为零)。put的内含价值为期权履约价格高于标的证券价格的部分(同理，内含价值不低于零)。继续引用前述的例子，如果柏克莱银行股价为1110便士，则call 的内含价值为10便士。换言之，持有者执行call的价值为10 便士，因为他可以按照履约价格1110便士买进股票，然后按照标的证券市价1110便士卖出，赚取差价10便士。这也是为什么期权价格(权利金)绝不低于内含价值的道理。

如果标的证券价格低于履约价格，call的内含价值为零。如果期权的内含价值大于零，期权处于折价状态(in-the-money)。如果期权的内含价值为零，则期权处于溢价状态(out-of-the-money)。履约价格最接近标的证券价格的期权称为平价(at-the-money)期权。

时间价值

期权权利金的第二个成分是时间价值。这是权利金与内含价值之间的差值。

时间价值=权利金=内含价值

所以，在前述的例子中，权利金为67便士，内含价值为10便士，时间价值为67便士。大体上来说，时间价值代表期权销售者承担不确定风险的价值(内含价值属于“确定”部分)。期权买方必须支付销售者承担的这部分风险成本。随着时间的推移而接近到期日，时间价值逐渐耗损。因此，对于持有者来说，期权是一种消耗性资产。

时间价值可以透过复杂的数学定价模型计算，例如，Cox-Rubinstein模型。定价变量包括：无风险利率、履约价格、标的证券价格波动率(volatility)与标的证券价格，以及期权合约期间内标的证券支付的股利。

根据前述说明，到期溢价的期权毫无价值，到期折价的选择模价值为内含价值。请注意，由于内含价值与时间价值都不可能是负数，期权买方的最大损失是权利金(也代表销售者的最大获利)，不论标的证券价格如何变化都是如此。

期权价格与标的证券价格之间的关系

原则上来讲，call价格与标的证券价格之间保持正向的关系，两者同时上涨或同时下跌。反之，put价格与标的证券价格之间保持反向的关系，标的证券价格上涨将导致put价格下跌，证券价格下跌将导致put价格上涨。

为什么购买期权而不直接买进或做空标的证券？因为期权具备杠杆效果(leverage)。换言之，如果标的证券价格发生某百分率的变动，期权价格变动的百分率较大。你可以扩大资金的财务效果。

继续引用先前的例子，如果柏克莱股价由1110便士上涨到1150便士，期权价格可能由67便士上涨到97便士。这意味着根本股价上涨3.6%，期权价格上涨44.7%。然后，你可以决定卖掉期权或执行期权。直接在市场上卖掉期权比较有利，因为期权价格还包括时间价值，执行期权只能够取得内含价值。

期权价格与根本证券价格之间很少保持1:1的关系。期权delta值代表标的证券价格略微变动所造成的期权价格变动量。举例来说，如果delta值为0.5，这意味着标的股价上涨10便士，期权价格变动5便士。当然，期权的delta值越大(就绝对值而言)，资金的财务杠杆效果越大。折价越深的期权，delta值越接近1(或-1)；可是，折价越深的期权也代表内含价值越大，也即权利金越贵。所以，当你根据期权价格与delta值评估投资报酬率，其中存在“一得一失”的关系。让我们举例说明：

柏克莱股价为1110便士。

7月1110 call的报价为51便士；7月1200 call的报价为16便士。隔天，如果柏克莱股价上涨为1200便士，7月1100 call的价格可能上涨为123便士(delta均值为0.8)，7月1200 call的价格为22.5便士(delta均值为0.25)。所以，较贵的7月1110 call报酬率为141％，便宜的7月1200 call报酬率只有41％。

当然，这个例子中，我们只考虑delta值，忽略交易成本与买/卖报价的差价。可是，这多少让你了解如何在delta值与权利金之间取得折中。如果标的行情的走势不大，平价附近的期权报酬率(或损失)最大。

策略

期权虽然只有call与put两种类型，但它们可以架构为许多不同的策略。最单纯的策略是买进(long)call或put。这意味着你开仓买进(buy to open)call或put的仓位。如果你做空(short)期权

(即卖出期权)，意味着开仓做空 (sell to open)call或put的仓位。对于非专业投资人来说，买进put的安全性高于卖出call，虽然这两个仓位都可以因为标的证券行情下跌而获利。

期权策略不在本书的讨论范围之内，但此处可以提供一些例子，让你大概了解专业交易员或非专业的交易老手如何架构期权策略。

避险(Hedge)

避险策略由两个仓位构成，如果一个仓位发生获利，另一个仓位就发生损失。所以，避险相当于防范判断错误的保险。举例来说，如果你买进一单位call，可以销售另一个履约价格或到期时间不同的call，或买进一单位put。

跨形交易(Straddle)

开仓买进平价call / 开仓买进平价put。对于这个策略，只要标的证券行情发生足够重大的走势：不论涨跌仓位都能够获利。建立仓位当初，如果采用溢价call与put，称为吊形交易(strangle)，如果采用折价call与put，称为guts。

call多头价差交易(Bull Call Spread)

买进折价call / 销售溢价call。这个策略将因为根本行情上涨而获利。在这个仓位中，如果所销售call的合约期间短于买进call，称为call多头行历价差交易(bull call calendar spread)。

put空头价差交易(Bear Put Spread)

买进折价put／销售溢价put。这个策略将因为标的证券行情下跌而获利。在这个仓位中，如果所卖出put的合约期间短于买进put，称为put空头行历价差交易(bear put calendar spread)。

期权策略的种类极多，仅受限于你的想象力。至于如何架构策略，取决于你对于价格波动率与标的证券行情走势的看法，以及你愿意承担的风险程度。某些经常见到的策略名称包括：蝶式交易(buttefly)、秃形交易(condor)、铁蝴蝶(iron buttefly)，预期行情变动有限，买进一单位跨形交易，销售一单位唇形交易入组合交易(combo)、梯形交易(ladder)、箱形套利(box)、转换套利(conversion)与反转套利(reversion)。

❖附录2❖

期货基本概念

期货的最基本原则是：预期价格上涨则买进(做多)，预期价格下跌则卖出(做空)。

何谓期货合约

期货合约具有下列性质：

❖ 具有法律约束力。

❖ 通常在集中市场进行交易(例如,芝加哥商业交易所)。

❖ 合约买方同意接受根本资产的交割，合约卖方同意交割根本资产。

❖ 预先同意根本资产交割的品质与数量。

❖ 预先设定交割的日期。

❖ 预先设定交割的价格。

❖ 预先设定交割的地点。

换言之，期货合约是买卖双方签订的合约，双方同意在未来某日期与地点，按照事先约定的价格，交割特定品质与数量的资产。如果你做多期货合约，代表你买进期货合约，也是接受交割的一方。你应该从事过这类的交易：你是否曾经支付订金买进某种东西，但实际的交割发生在未来？如果你做空期货合约，代表你卖出期货合约，也是进行交割的一方。

举例来说，请考虑下列的期货合约：

活牛(CME)：4万磅，美分/磅，报价72

12月交割。

换言之，CME提供的每口活牛合约为4万磅的活牛，报价单位为“美分/磅”，价格是72美分。因此，如果价格变动1美分，合约价值的变动量为400美元(4万×1美分)。

请注意，在所有的期货交易中，大约只有1%的仓位实际进行交割。大部分期货合约在到期之前都会平仓；换言之，开仓建立仓位之后，到期之前通过对等而反向的交易结束仓位。期货交易不实际进行交割的理由很多，最主要是因为期货合约通常被运用于投机，交易者不希望实际买进或卖出根本资产；另外，期货合约也运用于避险(请参考名词解释)，期货仓位与风险仓位的根本资产经常不相同。

期货合约的根本资产包括硬性与软性商品，例如，金属与谷物。除此之外，还有金融期货合约，例如，利率、外汇与指数。

期货合约的功能

芝加哥位于美国五大湖与谷物/畜牧大平原之间。对于大多数美国农夫来说，芝加哥是天然的吞吐港，所以芝加哥成为全球最大的商品交易中心。

让我们考虑19世纪50年代的情况。如果我是一位美国小麦农夫，小麦收成代表我每年辛劳的报酬。我把大部分的小麦卖给其他农夫作为牲口的饲料。我每年都祈祷小麦价格上涨，使得小麦收入增加，但每年也担心小麦价格下跌。反之，小麦的使用者每年都祈祷小麦价格下跌，降低生产成本，他们每年也担心小麦价格上涨。因此，我们的立场虽然各不相同，但都需要在几个月之前预先设定价格，如此才能安排种植计划。除了价格外，我们也需要设定小麦交割的时间、地点与品质。这一切自然发展为期货合约。

最初，期货合约是为了因应商业的需求。目前，这种需求仍然存在于不确定环境中追求确定性的需求。期货合约可以透过今天设定的价格，防范未来的不利价格走势(避险)。当然，这个行业很快就吸引其他非农夫的玩家，他们穿着条纹衬衫、吊带裤，梳着平整的发型，开着意大利与德国的红色跑车；换言之，期货市场也成为投机客的天堂。

如何设定期货价格

期货属于衍生性交易工具，换言之，期货价格衍生自根本资产的价格。黄金期货价格衍生自黄金价格，根本资产的现货或即期价格是根本资产立即交割的市场价格，现货资产价格受到供需条件的影响，期货价格则反映现货价格的变动。

在期货合约到期日，期货价格显然应该等于现货价格，否则就会发生套利机会(交易者可以买低 / 卖高而赚取差价利润)。合约到期之前，期货价格应该等于现货价格，加上持有现货商品至合约到期的成本。稍微思考一下，你就了解为什么必须如此。假定小麦期货价格高于现货价格加上持有成本，你可以买进现货小麦，持有小麦至期货到期(总成本为小麦现货价格加上持有成本)，同时做空期货合约（承诺合约到期交割小麦)。所以，你相当于低价买进，高价卖出，赚取其中的无风险差价利润：

一个月期货价格减去现货价格	20美分
小麦的一个月持有成本	13美分

于是，你做空期货合约/买进现货小麦。一个月之后，当期货合约到期，利用现货小麦交割期货合约，锁定的获利为每蒲式耳7美分。

何谓保证金

起始保证金(initial margin)是仓位开仓需要支付的一部分合约金额。变动保证金(variation margin)是价格发生不利变动而必须补足的保证金。

投机

期货投机客就如同其他任何投机客一样，他们希望从价格变动中获利。他们设法判断价格的未来变动——运用的方法各不相同。举例来说，如果交易者认为联合国即将解除伊拉克的石油禁运，可能判断油价将下跌。如同前文解释的，假定其他条件不变，如果现货商品价格下跌，期货价格也应该下跌。所以，交易者可以考虑做空石油期货。可是，他们最好留意其他可能造成油价上涨的因素，联合国决策的影响可能被其他因素吞噬。另外，市场可能已经预先反映这些看法，当事件实际发生的时候，油价可能不受影响。

名词解释

Abandoned option【放弃期权】 期权买方没有转卖或执行，听任期权过期没有价值。

American option【美国式期权】 合约期间内随时可以执行的期权。这是一种形态的期权，与地理位置(美国)没有关联。

Arbitrage【套利】 在一个市场买进某交易工具，在另一个市场卖出，两个交易工具可能相同或类似，借以套取价格差异的利润。套利机会存在的时间通常很短，因为很多专业玩家都尝试“锁定”这些没有风险的赚钱机会。

Arbitrageur【套利者】 从事套利的交易者。他们专门进行这类利润偏低的交易，但交易规模通常很大。

Assign【指派】 指定call销售者按照履约价格卖出股票给期权持有人，或指定put销售者按照履约价格向期权持有人买进股票。

At the market【市价】 交易指令设定的价格，按照当时的最佳市场价格买进或卖出。

Averaging【摊平】 当行情发生不利的走势，买进仓位在更低的价格继续买进，做空仓位在更高的价格继续做空，使得整体仓位的成本降低。换言之，透过摊平的操作，可以拉近仓位成本与当时市价之间的距离。

Basis point【基点】 利率的衡量单位，相当于1%的1/100。举例来说，5.25%与6.00%的差值是75个基点(75bps)。

Bear(ish)【空头，看空】 认为价格将下跌的人或看法。

Bear market【空头市场】 价格处于跌势的市场。

Bear spread【空头价差交易】 一种期权的价差交易策略，适用于根本资产价格下跌的行情。仓位的结构通常是：买进某履约价格的put，同时销售较低履约价格的put。

Bid【买进报价】 这是指报价者愿意买进的价格，也是一般交易大众能够卖出的价格。

Black-Scholes Pricing Model【Black-Scholes定价模型】 计算期权理论价值的一种数学模型，主要的输入变量为：无风险利率、价格波动率、股利、到期时间、履约价格与根本资产价格。

Break【挫跌】 价格突然下跌。

Breakout【突破】 价格穿越最近交易区间的走势，通常意味着价格将继续朝突破方向发展。

Broker【经纪人】 协助客户执行交易指令的人。

Bull(ish)【多头，看多】 认为价格将上涨的人或看法。

Bull market【多头市场】 价格处于涨势的市场。

Bull spread【多头价差交易】 一种期权的价差交易策略，适用于根本资产价格上涨的行情。仓位的结构通常是：买进某履约价格的call，同时销售较高履约价格的call。

Call option (Calls)【买进期权】 持有人有权利——但没有义务——在特定期间或日期，按照固定价格买进特定数量的根本资产。

Clerk【办事员】 交易所会员聘用的员工，经过登记后能够进入交易所工作的人。

Closed【结束】 对于交易仓位而言，针对既有仓位进行反向而对等的交易，两个仓位相互冲销而没有剩余风险。

Contrarian【反向思考者】 这种人相信最好不要顺着交易大众的看法进行交易，因为大众的判断通常错误。

Day trade(r)【当日冲销(者)】 仓位的开仓与平仓在同一天。

Delta 衡量期权风险的一种参数：根本资产价格发生变动所造成的期权价格变动量。如果期权的delta值为0.5，意味着根本资产价格发生10点的变动，期权价格会发生相同方向的5点变动。

Diversification【分散投资】 把投资分散于几个不同的领域，降低整体投资风险。不要把所有的鸡蛋放在一个篮子里。

Drawdown【下跌】 亏损造成的交易资本减少。

European option【欧洲式期权】 唯有到期日才可以执行的期权。

Exercise【执行】 期权持有人行使买进或卖出根本资产的权利。换言之，行使期权授予的权利。

Expiry【到期】 期权持有人行使合约权利的最后一天。

Floor broker【场内经纪人】 协助清算会员执行交易指令的交易所会员。

Floor trader【场内交易员】 在集中市场的营业场所，从事交易的专业人员，可能代表公司或自己进行交易。

Fundamental analysis【基本分析】 运用经济或会计资料分析行情。举例来说，某个人根据股息率的资料买进股票。

Futures【期货】 按照目前同意的价格，于未来在某特定日期与特定场所进行商品交割的标准化合约。

Gap【缺口】 价格开高走高而当天价格完全高于前一天的最高价，或价格开低走低而当天价格完全低于前一天的最低价。

Hedge【避险】 防范已经存在或预期存在的风险，通常都是透过衍生品进行避险。举例来说，假定你持有德国马克，如果担心德国马克对美元贬值，可以买进美元远期合约、期货合约或call。万一德国马克贬值，避险仓位可以提供弥补性的获利。

Implied volatility【隐含价格波动率】 把期权市场价格输入定价模型，计算根本资产的价格波动率。换言之，这是期权价格隐含的根本资产价格波动率。

Limit【停板】 交易所规定任何营业日所能够发生的价格最大上涨或下跌幅度。

Liquid market【流动性市场】 市场的交投相当热络，交易者很容易进场或出场；换言之，在流动性高的市场中，价格不容易受到大额交易影响。

Long【做多】 利用买单建立而还没有结束的仓位。

Margin【保证金】 交易者存在经纪商的一笔款项，防范可能发生的损失。

Margin call【追缴保证金】 经纪商要求交易者补缴保证金。

Mark to market【按照市价进行结算】 每天按照市场收盘价格结算当天的仓位盈亏，如果仓位发生亏损，持有人需要补缴保证金。

Market order【市价单】 请参考At the Market【市价】。

Momentum【动能指针】 交易者采用的一类技术指针。原则上来说，价格朝某个方向发展的速度越快、幅度越大，该走势越可能缓慢下来或朝反方向发展。

Moving average【移动平均】 交易者采用的一种顺势系统。移动平均(简单、指数或其他格式)是计算最近某特定交易天数的收盘价平均值（也可以采用开盘价或其他）。移动平均可以绘制为图形。每经过一天，移动平均就必须重新计算，剔除最早一天的资料，加入最近一天的资料。

Offer【卖出报价】 这是指报价者愿意卖出的价格，也是一般交易大众能够买进的价格。

Open position【未平仓仓位】 还没有结束的仓位。所以，未平仓仓位将继续承担市场风险。

Overbought/versold【超买 / 超卖】 超买是指股价在短时间内的涨幅已经太大，很难继续上涨或应该下跌。同理，超卖是指股价在短时间内的跌幅已经太大，不该继续下跌或应该上涨。

Position【仓位】 进行交易接受市场风险。

Put option【卖出期权】 持有人有权利——但没有义务——在特定期间或日期，按照固定价格卖出特定数量的根本资产。

Pyramiding【金字塔式加码】 进一步扩充仓位而增加既有仓位的规模，加码数量通常会递减。

Scalper【帽客】 抢短线的交易者，通常抱着积少成多的心态。

Seat【席位】 交易所的会员资格，取得这种资格之后，才能够进入场内交易。

Short【做空】 利用卖单开仓建立仓位，预期价格将下跌而稍后低价买回(回补)，赚取先卖后买的差价利润。

Speculator【投机客】 在没有风险仓位的情况下，故意建立风险仓位的人。通常用来指非专业的交易者，经常具有贬损的意思。

Spread【价差交易】 买进一种合约，同时做空另一种类似而不完全相同的合约。这类仓位能够因为行情上涨或下跌而获利（取决于实际的结构）。

Stop order(stop loss order)【停止单，止损单】 预先交给经纪人的交易指令，当市场价格触及某个价位，按照市价结束仓位。停止单可以用来获利了结或止损。

Technical analysis【技术分析】 运用价格、成交量或未平仓量等资料分析行情的方法（绘制为图形，研究相关形态），或者把前述资料套入某数学公式，借以分析行情。技术分析与基本分析是研究市场行情的两种方法。

Technical rally or decline【技术性反弹或下跌】 无关基本面或供需关系的价格走势。

Tick【文件】 价格跳动的最小单位。

Trendline【趋势线】 在价格走势图上绘制的直线，借以判断行情发展方向。趋势线至少由价格走势图的三点衔接而成，但既有价格不得穿越趋势线。

Volatility【价格波动率】 衡量未来特定期间内价格走势大小（不考虑方向）的统计值。举例来说，未来三个月之内，有66%的概率发生15便士的走势。

Whipsaw【反复】 价格朝某个方向移动，然后又突然朝反方向移动，使得交易系统连续发生矛盾的讯号。这类的市场也可以称为“来回震荡”。

推荐读物与网站网址

读　物

交易心理

Geoffrey Paminder. The Bhagavad Gita. One World, 1996.

虽然写在5000多年前，与交易也没有直接的关联，但我认为这是我读过最有用的交易书籍。内容主要讨论自律精神——如何与为什么——以及自律的效益。由于缺乏自律精神往往是交易者最大的缺失，所以该书应该可以提供很大的帮助。

Mark Douglas. The Discipline Trader. New York Institute of Finance, 1990.

这是一部佳作。睿智的风格，完全摆脱米老鼠式的心理分析，该书的地位应该远高于目前的评价。

Robert Koppel, Howard Abell. The Inner Game of Trading. Orobus. 1994.

作者采访一些杰出交易员，但该书的最大优点是分析交易者最经常碰到的心理难题，是非常值得一读的好书。

经典作品

Edwin Le Fevre. Reminiscences of a Stock Operator. John Wily and Sons. 1993.

《股票作手回忆录》这是伟大投机客杰西·李佛摩(Jesse Livemore)的小说体传记，无可置疑的经典作品。虽然成书于很久之前(写于1923年)，但还是谈到许多交易者经常碰到的难题，是非常有趣的一本书。

Charles Mackay, Joseph de la Vega. Extraordinary Popular Delusion and the Madness og Crowds and Confusion de Confusiones. John Wiley and Sons. 1995.

谈论大众心理，以及市场走势所受到的影响。虽然这些事件发生在300 多年前，但与目前仍然息息相关。篇幅很短，内容有趣。

期货与期权

Peter Temple. Trades Options. Rushmere Wynne. 1995.

讨论LIFFE的挂牌期权。详细解释期权的相关基本知识，由期权的基本定义，到交易软件。

Todd Lofton. Getting Started in Futures. John Wiley and Sons. 1993. 2nd edn.

内容清晰，易于了解，另外提供许多近期研究的资料。

Michael Thomsett. Getting Started in Options. John Wiley and Sons. 1993. 2nd edn.

内容清晰，易于了解，是一本很好的入门书。

技术分析

Martin Pring. Technical Analysis Explained. McGraw-Hill. 1991. 3rd. edn.

《技术分析精论》这本书的后半部分似乎有些脱离主题。虽然有一些瑕疵，但书中提供了一些其他书籍没有的精辟见解。

Elli Gifford. The Investor's Guide to Technical Analysis. 1995.

虽然该书是以英国上市股票为例进行讲解，但内容适用于每个国家。涵盖面很广，易于阅读与了解，是一本理想的入门书，也适合深入研究。另外，书中没有涉及数学。

基本面分析

Jack D. Schwager. Schwager on Futures. Technical Analysis. John Wiley and Sons. 1995.

《史瓦格：期货技术分析》虽然价格颇贵，但期货基本分析的内容非常完整。

Peter Lynch, John Rothchild. One Up on Wall Street. Penguin. 1990.

两位大师提供一些选股的法则。闲聊的写作风格，容易阅读。

Tom Copeland. Tim Koller and Jack Murrin. Valuation. Measuring and Managing the Value of Companies. John Wiley and Sons，1995.

涉及严肃的题材。采用计量方法，这也是基本分析应该采用的方法。全书厚达500多页，提供了许多有用的图表。

Benjamin Graham and David Dodd. Security Analysis. McGraw-Hill. 1997.

一本重视数据且分析严谨的书籍。如果你对于基本面分析有兴趣，这是必读之书。

交易人物

Jack D. Schwager. New Market Wizards. Harper Business. 1992.

《新金融怪杰》

“Jack D. Schwager. Market Wizards. New York Institute of Finance. 1989.

《金融怪杰》必读的两本书。非常有趣，但采用对答格式，所以读者必须自己做成结论。

Kenneth L. Fisher. 100 Minds that Made the Market. Business Classics. 1991.

传记格式，内容简短，很好的床头书。

Alan Rubenfeld. The Super Traders. Irwin. 1992.

涵盖背景各不相同的九位交易员。虽然传记风味太浓，但还是值得一读。

场内交易

Neal Weintraub. The Weintraub Day Trader. Windsor. 1991.

Neal Weintraub. Tricks of the Floor Trader. Irwin. 1991.

《期货场内交易花招》是场内交易方面为数不多的好书之一，为场外交易大众了解场内的情况提供了一些有用的信息。

Grant Noble. The Trader's Edge. Probus. 1995.

提供一些有用的场内交易知识，包括场内的交易手法与场内交易员拥有的一些优势。

William Eng, Trading Rules. FT Pitman. 1990.

虽然某些法则大家都相当熟悉，还是有一些珍贵的信息。容易了解，值得一读。

经济史

伯纳·欧佩强调交易者必须了解公司与消费者的演变发展，下列几本书供各位参考。

Rondo Cameron. A Concise Economic History of the World. Oxford University Press. 1997. 3rd end.

Ingomar Hauchler and Paul Kennedy. Global Trends. Continuum Publications Group. 1994.

Roger Buster. The American Aerospace Industry: From Workshop to Global Enterprise. Twayne Publications. 1996.

Ryoshin Minami. Acquiring Adapting and Developing Technologies. St. Martin's Press. 1995.

Allan Kulikoff; The Agrarian Origins of American Capitalism. University Press of virginia. 1992.

传记

Peter Bernstein. Against the Gods. 1996.

Ralph Waldo Emerson. Collected Poems and Translation of Ralph Waldo Emerson. Library of America. 1994.

William James. Pragmatism. Prometheus Books. reprinted 1991.

Rudyard Kipling. “If” in Rewards and Fairies 1910. reprinted in Gunga Din and Other Favourite Poems. Dover Publications. 1991.

Michael Lewis. Liar's Poker. Penguin. 1990.

Alpesh B. Patel. Your Questions Answered: Money. Savings and Financial Planning. Rushmere Wynne. 1997.

Philip Roth. The Great American Novel. Vintage Books.

reprinted 1995.

George Bernard Shaw. Man and Superman. 1903.

Sun Tzu. Art of War. edited by James Clavell. Delta. 1988.

网站网址

新闻与信息

Barron's www.barrons.com

Bloomberg www.bloomberg.com

CNBC www.cnbc.com

Financial Times www.ft.com

Dr J's Planet www.drjsplanet.com

这是琼·纳迦里恩的网站。提供一些交易消息，内容每天更新。

Applied Derivatives Trading www.adtrading.com

免费网站，提供许多有趣的短文，内容涵盖范围从交易心理到如何寻找交易相关工作。内容每月更新。

交易所

许多交易所都就金融产品与运作方法提供大量的免费资料。

American Stock Exchange www.amex.com

Chicago Board of Trade www.cbot.com

Chicago Board Options Exchange www.cboe.com

Chicago Mercantile Exchange www.cme.corn

Chicago Stock Exchange www.chicagostockex.com

NASDAQ www. nasdaq. com

New York Mercantile Exchange www. nymex. com

New York Stock Exchange www. nyse. com

LIFFE www. liffe. com